기도의 변화는
삶의 변화입니다.

목동. 이동원

바울을 따라 걷는 기도 성화의 길

기·도·를 변화시키는 기도

이동원 지음

바울의 기도를 연구하다 깜짝 놀랐습니다.

내 기도와 너무 달랐기 때문입니다.

그의 기도에는 나와 내 가족의 건강,

내 삶의 번영을 위한 기도가 없었습니다.

그의 기도에는 그가 중시했던 성경적 가치들이

시종일관 담겨 있었습니다.

그의 기도는 결국 그가 추구한 성화와 연결되어 있었습니다.

그의 기도가 그의 삶을 만들고 있었던 것입니다.

그의 기도는 철저하게 성화의 여정이었습니다.

그가 추구한 성숙의 가치가 한눈에 보이는 기도였습니다.

나는 그의 기도를 연구하고 설교하면서

내 기도를 돌아보았습니다.

그의 기도는 내 기도를 바꾸도록 도전하고 있었습니다.

실제로 나는 그의 기도를 설교하며 내 기도의 목록을 바꾸었습니다.

그의 기도가 내 기도가 되고 있었습니다.

한국 교회는 아직도 기복신앙의 차원을 벗어나지 못하고 있습니다.

그 이유는 과연 우리의 기도 생활과 무관한 것일까요?

나는 바울의 기도를 연구하며 기도 변혁의 숙제에 직면했습니다.

그리고 우리의 기도의 변혁이

우리의 성숙의 과제임을 절감했습니다.

바울은 한국 교회를 향해 그의 기도를 배우라고 말합니다.

우리의 기도가 성숙할 때,

우리는 한국 교회의 성숙을 말하게 될 것입니다.

주후 2024년 봄,
함께 기도의 동역자가 된

이동원 드림

목차 | CONTENTS

사랑하는 독자들에게 •2

INTRO •6

PART **1** **자신의 영적 강건**을 위해 기도하라

    1. 참된 앎을 위한 기도 •24

    2. 삶의 균형을 위한 기도 •38

    3. 속사람의 강건을 위한 기도 •52

    4. 육체의 가시를 위한 기도 •64

PART **2** **기도의 지평**을 넓히라

    5. 지도자들을 위한 기도 •78

    6. 사역자를 위한 기도 •89

    7. 가족과 민족을 위한 기도 •101

    8. 담대한 선교를 위한 기도 •113

PART **3**   **자신의 성숙**을 위해 기도하라

9. 큰 환난 중에서의 기도 • 122

10. 평화를 위한 기도 • 134

11. 거룩을 위한 기도 • 145

PART **4**   **흔들리지 않는 소망**을 붙들라

12. 가치 있는 인생을 위한 기도 • 158

13. 소망을 위한 기도 • 171

14. 인생 결산을 위한 기도 • 183

기도하는 그리스도인, 바울

> 기도를 계속하고 기도에 감사함으로 깨어 있으라 또한 우리를 위하여 기도하되 하나님이 전도할 문을 우리에게 열어 주사 그리스도의 비밀을 말하게 하시기를 구하라 내가 이 일 때문에 매임을 당하였노라 그리하면 내가 마땅히 할 말로써 이 비밀을 나타내리라 골로새서 4:2-4

우리는 지금 롤 모델을 상실한 시대를 살아가고 있습니다. 지도자에 대한 비판은 하늘까지 치솟을 정도로 가득 차 있지만, 존경받는 지도자의 모습은 별로 보이지 않습니다. 우리가 따라가고 싶은, 본받을 만한 지도자가 없는 비극. 이것이 우리 시대의 비극이라고 할 수 있습니다. 그런데 감히 "나를 본받으십시오"라고 말한 지도자가 있었습니다. 바로 사도 바울입니다.

내가 그리스도를 본받는 자가 된 것 같이 너희는 나를 본받는 자가 되라 고전 11:1

대담한 선언이 아닐 수 없습니다. 바울이 훗날 자신의 과거를 소회하며 "내가 전에는 비방자요 박해자요 폭행자였으나"(딤전 1:13)라고 고백한 것처럼, 그는 본래 나사렛 예수와 그 추종자들을 핍박하는 복음의 원수였습니다. 그런데 예수님은 복음의 원수였던 바울을 가장 사랑하는 제자요, 세상을 변화시키는 도구로 삼으십니다.

예수님은 자신을 따르던 열두 제자 중에서 가장 위대한 제자가 아니라 복음의 원수를 회심시켜 가장 위대한 복음의 사도가 되게 하셨습니다. 하나님의 섭리는 얼마나 놀라운지요. 그를 통해 기독교는 세계적 신앙으로 발돋움하게 되었습니다. 바울의 생전에 그와 그 일행이 도착하는 도시들은 요동쳤고 충격을 받았습니다. 그래서 그의 무리는 '세상을 뒤집어놓은 사람들'(행 17:6, 천하를 어지럽게 하던 사람들/세상을 뒤집어놓은 사람들)이란 별명을 얻었습니다.

바울, 그는 누구인가

그는 처음 '사울'이란 이름으로 호칭되다가 나중에 '바울'이란 이름으로 더욱 알려집니다. 우리는 일반적으로 예수 믿기 전의 그의 이름이 '사울'이고 믿은 후에 '바울'이 되었다고 말합니다만, 정확한 통찰은 아닙니다. 예수님을 믿은 후 안디옥 교회에 의해 선교사 파송을 받을 때도 그의 이름은 여전히 사울이었습니다. '사울'은 히브리식 호칭입니다. 똑같은 이름을 로마식으로 부르면 '바울'이 되는데, 그가 로마 제국을 상대로 선교하면서 '바울'로 더 많이 호칭되었다는 것이 더 정확한 견해로 보입니다.

그는 도대체 어떤 사람이었을까요? 〈바울과 테크라 행전〉이라는 외경은 그의 인상착의를 이렇게 묘사합니다.

"키는 작고, 머리는 대머리이며, 휘어진 다리에, 눈썹은 서로 맞닿고, 매부리코에 다부진 풍채를 가진 그는 범상하지 않은 사람, 천사와 같은 사람이었다."

그럼에도 불구하고 그는 영적 거인이었습니다. 바울이 자신의 편지에서 예수 믿기 전의 자신에 대해 고백한 내용들을 요약하면 이렇습니다.

"나는 작은 마을이 아니라 당시 새로운 로마로 불리던 소아시아 길리기아의 대학 도시 다소 성의 시민으로, 유대인 가정에서 태어났습니다. 나는 부모에 의해 유대인으로서의 자아상을 갖도록 철저히 교육 받았으나, 동시에 로마의 시민권을 가진 가정에서 열린 세계관의 영향을 받으며 로마적 소양을 지닌 사람으로 자랐습니다. 나는 또래의 다른 유대인 남자아이들처럼 어려서 천막 만드는 기술을 배우기도 했습니다. 그것은 내가 전문인 선교사, 곧 텐트 메이커(tent maker)로 자비량 선교 사역을 감당하는데 큰 도움이 되었습니다.

다소 성의 열린 문화적 영향을 받으며 유년기 시절을 보낸 나는 유대교의 철학자(율법교사)가 되게 하려는 부모님의 뜻에 따라 예루살렘으로 유학 가 유명한 스승 가말리엘 문하에서 청년 시절을 보내며 엄격한 토라 교육을 받았습니다. 나는 자연스럽게 유대교에 몰입하게 되었고, 당시 유일하신 야훼 하나님이 아닌 나사렛 예수를 신으로 따르는 예수의 추종자들이 유대교, 하나님을 모독하는 사람들이라고 생각했습니다.

그러던 어느 날 예수의 추종자 스데반을 죽이는 일로 투표가 있었을 때 가편에 투표하였고, 예수의 추종자들을 더 이상 용납할 수 없다고 생각하여 그들을 체포하기 위해 다메섹으로 가던 중, 한낮의 밝은 태양 빛보다 더 밝은 빛으로 나를 비추시는 분을 만나게 되었습니다. 그날 이후 나는 예수를 대적하던 내 죄를 깨닫고, 나를 변화시킨 그분, 나사렛 예수를 전하는 일에 내 일생을 바치는 전도자가 되었습니다."

대표적인 그리스도인 혹은 가장 상징적인 그리스도인이라고 할 수 있는 사도 바울은 후일 골로새 교회를 향해 보낸 편지에서 세상을 변화시키는 도구로 쓰임 받았던 그의 사람됨을 우리에게 보여줍니다. 우리가 본받을 그는 대체 어떤 사람이었을까요?

선교의 사람이었던 바울

바울은 전 세계에 다니며 복음을 전했지만, 그의 궁극적인 목적지는 로마였습니다. 그는 결국 죄수의 신분으로 로마로 호송되어 로마의 감옥에 갇혔습니다. 그 안에서 쓴 편지 중의 하나가 골로새서입니다.

그는 억울하게 감옥에 들어갔습니다. 만약 우리가 그의 입장에 서 있다면, 무엇에 가장 중요한 관심을 두게 될까요? 자유의 몸이 되는 것 아니겠습니까? 그런데 바울은 우리의 기대를 깨뜨리는 놀라운 고백을 합니다.

또한 우리를 위하여 기도하되 하나님이 전도할 문을 우리에게 열어 주사 그리스도의 비밀을 말하게 하시기를 구하라 내가 이 일 때문에 매임을 당하였노라 _골 4:3_

그는 감옥에서 빨리 풀려날 수 있게 해달라고 기도한 것이 아니라, 전도의 문이 더 크게 열리도록 기도해줄 것을 요청했습니다. 그는 주님이 자신을 부르신 본래의 소명을 한순간도 잊지 않았던 것입니다. 또한 그는 자신이 '이 일', 곧 전도의 일 때문에 갇혀 있다고 믿었습니다. 그가 다메섹 도상에서 예수님을 만났을 때 받았던 소명이 무엇입니까?

"이스라엘과 이방인들에게서 내가 너를 구원하여 그들에게 보내어 그 눈을 뜨게 하여 어둠에서 빛으로 사탄의 권세에서 하나님께로 돌아오게 하고 죄 사함과 나를 믿어 거룩하게 된 무리 가운데서 기업을 얻게 하리라"_(행 26:17-18)_.

바로 선교의 소명이었습니다. 그날 이후 그는 온 세상을 가슴에 품고 살았습니다. 그의 가슴속에는 소아시아, 그리스, 로마, 당시의 땅 끝이었던 스페인까지 들어 있었습니다. 그는 당시 그에게 '온 세상'이었던 소아시아와 그리스, 유럽에 복음을 전했고, 그가 지나는 곳마다 교회들이 태어났습니다. 오늘날처럼 교통수단이 발달되지 못한 때에 그는 걸어서, 때로는 배를 타고 2만 킬로미터가 넘는 어마어마한 거리를 여행하며 복음을 전했습니다. 그는 기독교의 역사와 지도를 바꾸어 놓았습니다. 바울은 선교 전략가요, 선교 개척자였습니다.

그는 혼자 선교를 다니지 않고 여러 동역자들과 선교 여행에 함께했으며, 자신이 개척한 교회에 필요한 지도자들을 잘 배치할 줄 알았던 지혜로운 선교 동원가였습니다. 또한 개척한 교회의 성도들을 양육하고자 편지를 썼습니다. 그는 신약성경 27권 중 13권의 책을 쓴 선교 신학자이기도 합니다.

바울이 회심한 것은 주후 33년경, 그의 나이 30세 정도였을 것입니다. 이후 세 차례 이상의 선교 여행으로 세계 선교의 과제를 완수한 그는 주후 66년이나 67년경, 그의 나이 60대 중후반의 어느 시점에, 자신이 예언한 것처럼 순교의 제단에 자신의 뜨거운 피를 전제로 부어드린 선교의 사람이었습니다.

선교 사역은 해외에 파송된 선교사들만 감당해야 하는 일이 결코 아닙니다. 어떤 의미에서 보자면, 바울은 우리 시대의 개념에서 생각하는 '선교사'는 아니었습니다. 바울은 자기의 직업을 가지고 있었고, 그 일을 끝까지 놓지 않고 복음을 전했습니다. 오늘날로 보자면 오히려 평신도에 더 가까울 것입니다. 그럼에도 불구하고 선교는 그의 모든 것이었습니다.

이처럼 선교가 모든 그리스도인에게 주어진 과제라면, 바울처럼 우리도 선교의 사람이 되는 것이 합당하지 않겠습니까? 바울은 말합니다.

"너희는 나를 본받아 선교의 사람이 되어야 한다."

나는 우리 모두가 선교의 사람이 되기를 바랍니다.

복음의 사람이었던 바울

바울은 골로새 교회 성도들에게 편지를 써서 자신을 위해 기도해줄 것을 요청하며, 구체적인 기도제목을 전합니다. 그는 감옥에서도 그리스도의 비밀을 나타낼 수 있도록 기도해주길 부탁하며 이렇게 말합니다.

그리하면 내가 마땅히 할 말로써 이 비밀을 나타내리라 _골 4:4_

여기서 말하는 '이 비밀'의 정체는 무엇일까요? 바울은 앞선 1장에서 이에 대해 말했습니다.

"하나님이 그들로 하여금 이 비밀의 영광이 이방인 가운데 얼마나 풍성한지를 알게 하려 하심이라 이 비밀은 너희 안에 계신 그리스도시니 곧 영광의 소망이니라"_(골 1:27)_.

이 비밀은 바로 '그리스도'이십니다. 그리스도가 바로 바울이 자신의 모든 것을 걸고 증언하고자 한 복음이었습니다. 복음은 그리스도입니다. 예수가 곧 우리의 구원, 우리의 생명, 우리의 영원한 소망이라는 메시지입니다. 바울은 골로새 교회에 주어진 이 복음에 감사했습니다.

"이 복음이 이미 너희에게 이르매 너희가 듣고 참으로 하나님의 은혜를 깨달은 날부터 너희 중에서와 같이 또한 온 천하에서도 열매를 맺어 자라는도다"(골 1:6).

복음이 올 때, 우리는 하나님의 은혜를 깨닫게 됩니다. 그리고 그 은혜를 전하는 자가 됩니다. 열매를 맺는 것입니다. 바울은 여기서 멈추지 않습니다.

"만일 너희가 믿음에 거하고 터 위에 굳게 서서 너희 들은 바 복음의 소망에서 흔들리지 아니하면 그리하리라 이 복음은 천하 만민에게 전파된 바요 나 바울은 이 복음의 일꾼이 되었노라"(골 1:23).

바울은 골로새 성도들을 향해 흔들리지 않고 굳게 설 것을 권면합니다. 그래야 복음의 일꾼이 될 수 있기 때문입니다.

선교를 빙자하면서 자신의 이익을 추구하는 사람들이 있습니다. 선교를 말하면서 그리스도가 아닌 자신의 철학이나 사상, 신념을 퍼트리기에 분주한 사람들도 없지 않습니다. 그러나 바울에게 있어서는 처음부터 끝까지 오직 복음, 오직 그리스도였습니다.

바울이 갈라디아 교회에게 주었던 경고를 기억하십니까?

"다른 복음은 없나니 다만 어떤 사람들이 너희를 교란하여 그리스도의 복음을 변하게 하려 함이라 그러나 우리나 혹은 하늘로부터 온 천사라도 우리가 너희에게 전한 복음 외에 다른 복음을 전하면 저주를 받을지어다"(갈 1:7-8).

다른 복음은 없다는 것입니다. 복음은 하나뿐입니다. 그는 로마 교회에게 쓴 위대한 편지, 로마서를 시작하면서도 "예수 그리스도의 종 바울은 사도로 부르심을 받아 하나님의 복음을 위하여 택정함을 입었으니 이 복음은 하나님이 선지자들을 통하여 그의 아들에 관하여 성경에 미리 약속하신 것이라"(롬 1:1-2)라고 말합니다. 하나님의 아들 예수 그리스도가 곧 복음이라는 것입니다.

왜 그렇습니까? 예수 그리스도가 우리를 대신해 대속의 제물이 되어 죽으심으로 우리의 죄 문제를 해결하셨고, 그의 부활하심으로 우리의 의의 문제를 해결하셨기 때문입니다(롬 4:25). 예수님은 우리의 죄 문제를 해결하기 위해 죽으셨습니다.

우리의 죄를 짊어지고, 우리가 받아야 할 저주와 심판을 대신 받으셨으며, 보혈을 흘려 우리를 용서하셨습니다. 이것이 복음입니다.

그러나 용서는 복음의 한 면일 뿐입니다. 주님은 그에 더하여 우리가 의롭다 하심을 받고 의 가운데, 생명 가운데 살게 하고자 부활하셨습니다. 다시 말해 그의 죽으심과 부활을 통해 우리가 새로운 삶을 살게 된 것, 이것이 복음의 핵심입니다.

바울은 자신이 복음을 전하는 중요한 이유를 다시 한 번 설명합니다.

"내가 받은 것(복음)을 먼저 너희에게 전하였노니 이는(복음은) 성경대로 그리스도께서 우리 죄를 위하여 죽으시고"(고전 15:3).

이 복음이 바로 사도 바울의 존재 이유였습니다. 그는 복음 때문에 살고, 복음 때문에 죽었습니다. 바울은 처음도, 마지막도 복음의 사람이었습니다. 우리가 바울에게서 다시 받는 도전은 우리도 복음의 사람이 되어야 한다는 것입니다. 바울에게 복음이 전부였다면, 우리에게도 복음이 전부여야 합니다. 복음을 붙들고, 복음 때문에 살며, "나를 본받으라"라고 말했던 바울의 삶이 우리의 삶이 되어야 할 것입니다.

기도의 사람이었던 바울

바울은 선교와 복음을 말하면서 그 모든 것을 가능케 했던 가장 중요한 것이 기도였음을 고백합니다. 그는 기도의 사람이었습니다. 바울의 선교도, 바울의 복음 전파도 기도를 떠나서는 생각할 수 없습니다.

기도를 계속하고 기도에 감사함으로 깨어 있으라 _골 4:2_

기도는 우리의 영혼을 깨웁니다. 기도가 잠들면, 우리의 영혼이 잠들게 됩니다. 그리고 아무것도 할 수 없는 자가 됩니다. 주님은 "나를 떠나서는 너희가 아무것도 할 수 없음이라"(요 15:5)라고 말씀하십니다. 정말 그렇습니까? 사실 우리는 주님 없이 많은 일을 합니다. 하지만 그 일은 주님이 인정하지 않으십니다. 우리가 주님을 떠나면 주님이 인정하시는 일, 주님이 기뻐하시는 일은 아무것도 할 수 없습니다. 기도를 잃어버리면 주님과의 관계가 끊어지고 마는 것입니다. 기도는 우리와 주님을 연결하는 젖줄입니다.

우리가 그리스도인이 된 후 제일 먼저 배워야 하는 것이 기도입니다. 기도로 일하는 것을 배워야 합니다. 기도로 사랑하는 것을 배워야 합니다. 기도로 선교하는 것을 배워야 합니다. 기도로 복음 전하는 것을 배워야 합니다. 선교는 돈으로 하는 것이 아닙니다. 선교는 입술로 하는 것이 아닙니다. 선교는 기도로 합니다. 기도 없이는 어떤 선교의 열매도 기대할 수 없습니다.

바울이 회심하고 나서 제일 먼저 배운 것이 무엇인지 보십시오. 주님은 회심한 바울을 돕기 위해 아나니아라는 제자를 바울에게 보내며 이렇게 말씀하셨습니다.

"주께서 이르시되 일어나 직가라 하는 거리로 가서 유다의 집에서 다소 사람 사울이라 하는 사람을 찾으라 그가 기도하는 중이니라"(행 9:11).

바울이 무엇을 하고 있었습니까? 기도하고 있었습니다. 그가 그리스도인이 된 후 제일 먼저 배운 것이 기도를 익히는 일이었습니다. 기도를 배우지 못한 그리스도인은 아직 신앙생활의 걸음마를 배우지 못한 것입니다. 기도는 그리스도인으로서 배워야 하는 여러 가지 일 중 하나가 아니라, 배워야 할 모든 것입니다. 기도로 깨어 일어나고, 기도로 숨 쉬고, 기도로 식사하고, 기도로 감사하고, 기도로 일하고, 기도로 사랑하고, 기도로 우리 인생에 주어진 숙제를 감당해야 합니다. 그리고 기도로 전도해야 합니다. 기도하면 전도의 문이 열립니다. 기도하면 전도의 메시지가 주어집니다.

또한 우리를 위하여 기도하되 하나님이 전도할 문을 열어 주사 그리스도의 비밀을 말하게 하시기를 구하라 골 4:3

때로는 내 기도만으로 부족할 때가 있습니다. 그래서 바울은 "우리를 위하여 기도하되"라고 했습니다. 교회는 기도하는 공동체입니다. 함께 기도하고, 함께 일어나고, 함께 사역을 감당해야 합니다. 우리 안에 중보기도의 불이 꺼지지 않기를 바랍니다.

바울이 복음을 전할 때 기적이 일어나자 루스드라 사람들은 '혹시 신이 내려온 것이 아닌가'라고 생각했습니다. 그때 바울은 "우리도 여러분과 같은 성정을 가진 사람이라"(행 14:15, We too are only men, human like you)라고 고백합니다. 바울도 우리와 동일하게 지칠 수 있고, 힘들어할 수 있는 연약한 인간성을 가진 사람이었습니다. 그러니 그의 기도를 떠나서는 그를 통해 일어난 모든 위대한 일들, 모든 초자연적인 일들을 이해할 수 없습니다.

바울은 기도로 사역했고, 기도로 세상을 바꾸었습니다. 그의 모든 편지는 기도로 시작하고 기도로 끝납니다. 로버트 머리 맥체인(Robert Murray M'Cheyne)은 의미심장한 말을 남겼습니다.

"하나님 앞에 홀로 무릎 꿇고 있을 때가 그 사람의 참 모습이며 그 이상은 없다."

우리에게 기도가 없다면 우리는 그리스도인, 그리스도의 사람이라고 말할 수 없습니다. 지금 한국 교회는 많이 흔들리고 있습니다. 그 중요한 이유 가운데 하나는 기도를 잃어버렸기 때문입니다. 과거 한국이 경제적으로 아주 열악할 때가 있었지만, 그때 교회는 불같이 일어났습니다. 그리고 교회는 사회에 많은 영향을 끼쳤습니다. 기도가 살아 있었기 때문입니다.

한국 교회에 위대한 부흥이 일어나기 위해서는 기도가 살아나야 합니다. 우리가 기도하면 우리 가정이 살 것입니다. 우리 교회가 살 것입니다. 우리 민족이 살 것입니다. 기도하는 사람이 나라를 지킵니다. 기도할 때 평화가 이루어집니다. 기도를 망각하면 아무것도 이루어지지 않습니다.

눈물로 복음의 씨앗을 심으십시오. 눈물로 기도의 씨앗을 심으십시오. 그러면 황폐한 이 땅에 다시 꽃들이 피어날 것입니다. 생수의 강이 흐르게 될 것입니다. 우리 가운데 바울처럼 복음의 비밀을 붙들고 기도하는 부흥이 일어나기를 다시 기대하십시다.

● 결단의 기도

1. 바울처럼 우리도 한평생 선교의 사람으로 살아가길 기도합시다.

2. 선교 이전에 우리를 구원한 복음을 숙지하고 복음의 사람으로 살아가도록 기도합시다.

3. 무엇보다 바울처럼 우리도 한평생 기도의 사람으로 살아가기를 기도합시다.

Part 1

자신의
영적 강건을 위해
기도하라

01

참된 앎을 위한 기도

> 내가 기도할 때에 기억하며 너희로 말미암아 감사하기를 그치지 아니하고 우리 주 예수 그리스도의 하나님, 영광의 아버지께서 지혜와 계시의 영을 너희에게 주사 하나님을 알게 하시고 너희 마음의 눈을 밝히사 그의 부르심의 소망이 무엇이며 성도 안에서 그 기업의 영광의 풍성함이 무엇이며 그의 힘의 위력으로 역사하심을 따라 믿는 우리에게 베푸신 능력의 지극히 크심이 어떠한 것을 너희로 알게 하시기를 구하노라
>
> *에베소서 1:16-19*

철학과 신학의 차이가 무엇이라고 생각하십니까? 철학은 영어로 'philosophy'라고 합니다. 이는 '필로스'*(philos)*+'소피아'*(sopia)*라는 두 단어의 합성어로, 지혜*(sopia)*를 사랑*(philos)*한다는 뜻입니다. 철학자는 지혜 혹은 지식을 사랑하고 추구하는

사람입니다. 철학자의 최고의 관심은 인간입니다. 철학은 인간에 대한 지식을 탐구하는 학문입니다. 그래서 유명한 철학자 소크라테스는 "너 자신을 알라"라고 했습니다.

반면 신학은 영어로 'theology'라고 합니다. 역시 '데오스'(theos)+'로고스'(logos)라는 두 단어의 합성어로, 하나님(theos)에 대한 이론 혹은 말씀(logos)을 연구하는 학문이라는 뜻입니다. 즉 철학자가 인간에 대한 지식을 탐구하는 사람이라면, 신학자는 하나님에 대한 지식을 탐구하는 사람입니다.

칼빈은 그의 유명한 《기독교 강요》에서 인간이 알아야 할 가장 중요한 두 가지 지식은 '하나님에 대한 지식'과 '인간에 대한 지식'이며, 하나님에 대한 지식을 모르면 인간에 대한 지식도 알 수 없다고 했습니다.

사도 바울은 그가 살았던 1세기 당시 새로운 로마로 부상하고 있던 에베소에서, 복음을 받아들이고 교회에 속한 성도들이 무엇보다 먼저 알아야 할 세 가지를 위해 기도합니다. 그것이 그들의 신앙생활의 성패를 좌우하며, 신앙 성숙의 여정에서 가장 중요한 열쇠라고 믿었기 때문입니다.

에베소는 바울이 전도 여행을 하면서 가장 오랫동안 머물렀던 도시입니다. 그는 그곳에서 전도했고 양육했습니다. 바울은 자신이 떠난 후에도 에베소의 성도들이 건강한 성도로 흔들림 없이 믿음의 여정을 걷기 위해 반드시 알고 붙들어야 할 영적 지식이 있다고 생각했습니다.

에베소서 1장 16-19절의 키워드는 '알게 하시고'라는 단어입니다. 17절 마지막 대목에 보면 '하나님을 알게 하시고'라고 했고, 19절도 '너희로 알게 하시기를 구하노라'라고 끝납니다. 그러면서 바울은 우리가 반드시 알아야 할 세 가지 영적 지식이 있다고 말합니다. 우리에게 필요한 세 가지 영적 지식, 우리가 알기 위해 기도해야 할 세 가지는 무엇일까요?

하나님, 그분을 알도록 기도하라

바울은 에베소 성도들의 믿음과 사랑의 소식을 들었다고 말합니다. 그리고 이어서 그들을 위해 기도한다고 말합니다. 무엇을 위해 기도합니까?

우리 주 예수 그리스도의 하나님, 영광의 아버지께서 지혜와 계시의 영을 너희에게 주사 하나님을 알게 하시고 엡 1:17

여기서 '안다'라는 말은 이성적이거나 논리적인 지식이 아닌 경험적 지식을 뜻합니다. '안다'의 히브리어 단어인 '야다'는 언제나 경험적 관계를 의미합니다. 단지 머리로만 안다는 것을 의미하지 않습니다.

저와 아내는 결혼 전에도 10년 가까이 알던 사이였습니다. 그래서 저는 결혼할 때 '모든 것을 다 아는 여자와 결혼한다'라고 생각했습니다. 항상 제 주변에 있었기 때문입니다. 그런데 결혼한 지 한 달 만에 깨달았던 것은 '아내에 대해 아무것도 모른다'는 사실이었습니다. 저는 지금도 아내를 알아가고 있는 중입니다. 결혼 전까지 저는 아내에 대한 정보와 지식을 가지고 있었습니다. 아내에 '관하여' 아는 것이었습니다. 그러나 결혼 후에는 아내를 '직접적으로 경험하며' 아내의 깊은 것들을 알아가게 되었습니다.

우리가 하나님을 안다는 말도 마찬가지입니다. 우리는 하나님에 '관하여'(knowing about God) 알 수 있습니다. 하지만 바울이 말하는 '앎'은 '하나님을 직접적으로 아는 것'(knowing God)입니다. 바울은 이를 위해 기도합니다. 에베소 성도들이 하나님을 직접적으로, 경험적으로 알게 해 달라고 말입니다.

그런데 그들이 알아야 했던 하나님, 오늘을 살고 있는 우리가 경험해야 할 하나님은 어떤 분입니까? 바울은 이 구절에서

'하나님'에 대해 두 가지 다른 표현을 사용합니다.

1. 예수 그리스도의 하나님을 알자

우선 그는 '예수 그리스도의 하나님'을 말합니다. 우리가 알아야 할 하나님은 막연한 하나님이 아니라, 예수 그리스도를 통해 계시된 하나님, 그리스도 안에 나타나신 하나님입니다. 예수님은 어느 날 아버지 하나님을 보여 달라고 조르는 제자 빌립에게 이렇게 말씀하십니다.

"예수께서 이르시되 빌립아 내가 이렇게 오래 너희와 함께 있으되 네가 나를 알지 못하느냐 나를 본 자는 아버지를 보았거늘 어찌하여 아버지를 보이라 하느냐"(요 14:9).

그렇습니다. 우리는 예수 그리스도를 통해 계시된 하나님, 그 하나님을 알아야 합니다. 예수님이 이 땅에 오신 목적은 바로 우리에게 하나님 아버지를 보여주시기 위함이었습니다. 하나님이 어떤 분이신지 구체적으로 보여주고자 오신 것입니다. 막연하고 추상적인 어떤 하나님이 아니라, 하나님의 속성과 그분의 일하심을 보여주고자 오셨습니다.

2. 영광의 아버지이신 하나님을 알자

또한 우리가 알아야 할 하나님은 '영광의 아버지'이십니다. 세상의 아버지들은 누구나 완전하지 못합니다. 아버지는 때로 우리를 실망시키고, 우리는 그로 인해 좌절을 경험하기도 합니다. 그런데 하늘에 계신 아버지는 우리를 결코 실망시키지 않으십니다. 어둠이 조금도 없으신 아버지, 빛으로 충만하신 아버지. 우리가 그 아버지를 알고, 그 아버지와 함께 거하게 된다면 얼마나 영광스러운 삶일까요? 그 아버지 앞에 기도할 때 우리의 마음은 어떻게 변화될까요? 우리는 그 아버지 하나님을 알아야 합니다. 바울은 이를 위해 기도합니다.

그렇지만 인간의 지식과 탐구로는 그 하나님을 알 수 없습니다. 그래서 우리는 이 구절을 붙들어야 합니다.

"지혜와 계시의 영을 너희에게 주사 하나님을 알게 하시고"*(엡 1:17)*.

지혜와 계시의 영은 성령이십니다. 바울은 성령에 관해 "오직 하나님이 성령으로 이것을 우리에게 보이셨으니 성령은 모든 것 곧 하나님의 깊은 것까지도 통달하시느니라"*(고전 2:10)*라고 증언합니다. '하나님의 깊은 것까지' 통찰하시는 분은 오직 성령님뿐이십니다. 그 성령의 도우심으로 우리는 하나님을 알아갈 수 있습니다.

제임스 휴스턴이라는 영성학자는 《기도》라는 책에서 기도를 '하나님과의 우정'이라고 표현했습니다. 저는 이 표현이 참 좋습니다. 기도하면 친해집니다. 기도하면 우정이 쌓입니다. 하나님과 친구가 되면 우리의 인생에 변화가 생깁니다. 그래서 저자는 이 우정을 '변화시키는 우정'(the transforming friendship)이라고 말합니다. 그리고 한 걸음 더 나아가, 우리는 기도를 통해 하나님과 우정의 관계를 넘어 애정 관계에 들어서게 된다고 했습니다.

하나님과의 깊은 사랑 안에서 우리가 그분을 알고 그분은 우리를 아시는 연합의 관계, 일치의 관계를 맺는 것입니다. 우리를 사랑하시는 하나님이 우리를 품어주고자 두 팔을 벌리고 기다리십니다. 그분의 품 안에 깊이 안기기까지, 우리는 아직도 하나님을 충분히 아는 것이 아닙니다.

바울은 우리가 그 하나님을 더 깊이 알게 되기를 기도합니다. 그는 우리가 하나님을 알게 되는 것, 우리가 '하나님'을 부르며 기도할 수 있는 것이 얼마나 놀라운 일인지, 얼마나 큰 특권인지, 얼마나 영광스러운 일인지 알게 되기를 바라고 있습니다.

하나님이 약속하신 미래의 소망을 알도록 기도하라

바울은 성도들이 하나님이 약속하신 미래의 소망을 알게 되기를 기도합니다. 우리의 눈이 밝아져 그분이 부르신 부르심의 소망을 알게 되기를 기도합니다.

너희 마음의 눈을 밝히사 그의 부르심의 소망이 무엇이며 성도 안에서 그 기업의 영광의 풍성함이 무엇이며 _엡 1:18_

우리가 예수님을 믿는 순간, 미래가 보입니다. 하나님이 우리를 위해 예비해놓으신 놀라운 미래, 궁극적인 미래가 보이기 시작합니다. 성경은 하나님이 우리를 위해 예비해놓으신 이 소망을 여러 가지 단어로 표현합니다. 그 소망은 '산 소망'_(벧전 1:3, living hope)_, '복된 소망'_(딛 2:13, blessed hope)_, '확실한 소망'_(히 6:11, sure hope)_입니다. 바울은 이 소망을 '그 기업의 영광의 풍성함'이라고 말합니다. 그 소망은 우리가 상속자로서 받아 누리게 될 기업이라는 것입니다. 우리는 예수님을 믿는 순간, 그 기업의 영광의 풍성함을 맛보기 시작했습니다. 미래에는 그 영광을 온전히 누리게 될 것입니다. 우리는 그 상속을 기다리고 있습니다.

사도 베드로는 이 약속된 기업을 '썩지 않고 더럽지 않고 쇠하지 아니하는 하늘에 간직된 기업'*(벧전 1:4)*이라고 했습니다. 유명한 설교가인 스펄전은 우리가 훗날 천국에서 누리게 될 영광이 생각보다 성경에 많이 묘사되어 있지 않다고 말합니다. 그리고 그 이유를, 하나님이 천국을 성도들을 위한 '놀라운 선물'*(surprised gift)*로 준비하셨기 때문이라고 설명합니다. 우리가 자녀의 생일 선물을 준비할 때를 생각해보십시오. 무슨 선물인지 아이들에게 미리 알려주지 않습니다. 깜짝 놀라게 해주고 싶어서입니다.

성경에서 천국에 대한 묘사가 가장 많이 나오는 부분을 찾으라면, 요한계시록 21장과 22장을 들 수 있습니다. 만일 여기에 묘사된 새 하늘, 새 땅, 새 예루살렘 성에 대한 약속만 제대로 읽어도 우리를 위해 예비 된 천국을 두고 충분히 흥분하고 충분히 감격할 수 있을 것입니다. 다시는 사망도, 질병도, 애통도, 눈물도 없는 그곳. 열두 문, 열두 보석으로 빛나는 성. 하나님의 영광의 빛남으로 해나 달의 비침이 필요 없는 그곳. 이 땅에서 보았던 모든 아름다움과 모든 선함과 모든 감동, 예술과 문화가 그 극치를 이루는 곳. 일체의 속됨이나 거짓됨이 없는 곳. 생명수 강이 흐르고 생명나무들이 열두 가지 열매를 맺는 곳. 아픈 것들이 다 치료되고, 영원한 건강을 누리는 곳. 사모

되지 않으십니까?

바울은 그때, 그 영광이 우리를 기다리고 있다고 말합니다.

"우리가 지금은 거울로 보는 것같이 희미하나 그때에는 얼굴과 얼굴을 대하여 볼 것이요 지금은 내가 부분적으로 아나 그때에는 주께서 나를 아신 것같이 내가 온전히 알리라"(고전 13:12).

그 영광을 안다면 우리는 세상의 헛된 영광에 현혹될 필요가 없습니다. 존 번연의 《천로역정》에 보면, 주인공 크리스천과 신실이 금은보석으로 가득한 '허영의 도시'를 지나는 장면이 나옵니다. 하지만 그들은 전혀 곁눈질하지 않습니다. 새 예루살렘의 영광, 시온의 영광, 궁극적인 천국의 영광을 바라보고 있었기 때문입니다.

하나님이 약속하신 현재의 능력을 알도록 기도하라

바울은 빌립보서에서 "내가 그리스도와 그 부활의 권능과 그 고난에 참여함을 알고자 하여"(빌 3:10)라며 자신의 간절한 소망을 기도로 피력합니다. 바울은 그리스도를 죽은 자 가운데서 살리신 부활의 능력을 간절히 알기 원했습니다. 그리고 에베소의 성도들도 그 능력을 알게 되기를 기도합니다.

그의 힘의 위력으로 역사하심을 따라 믿는 우리에게 베푸신 능력의 지극히 크심이 어떠한 것을 너희로 알게 하시기를 구하노라 그의 능력이 그리스도 안에서 역사하사 죽은 자들 가운데서 다시 살리시고 _엡 1:19-20_

저는 세상에서 가장 위대한 능력이 '창조의 능력'이라고 생각합니다. 과학이 발달되었다고는 해도 아직까지 창조의 신비, 그 창조물 안에 역사하는 능력을 조금밖에 탐구하지 못하고 있습니다. 그런데 바울은 그보다 더 위대한 능력이 있다고 말합니다. 그것이 '부활의 능력'입니다. 바울은 죽음의 권세, 사망의 권세를 깨뜨린 부활의 능력을 말합니다. 이 세상의 모든 것들은 결국 죽음에게 삼켜집니다. 그런데 부활은 죽음을 삼킵니다.

바울은 교회 가운데 역사하는 부활의 능력, 교회를 통해 역사하시는 그 능력을 알게 되기를 기도한다고 말합니다_(20-23 절)_. 우리가 그 능력에 사로잡힐 때 이 땅에 사는 동안 쓰임 받는 삶, 능력의 삶을 살 수 있습니다. 바울은 우리가 이것을 알게 되기를 바라고 있습니다. 부활하시고 승천하신 주님은 교회의 머리가 되사 교회를 통해 만물 가운데 하나님의 뜻을 이루고 계십니다. 우리는 만물 가운데 행하시는 이 능력의 도구로 쓰임을 받을 수 있습니다.

바울은 우리가 하나님이 약속하신 '현재의 능력'을 알 수 있기를 기도합니다. 우리는 천국에 대한 약속만 받고 세상에서는 패배자처럼 살아갈 존재가 아니라는 것입니다. 물론 이 세상은 환난과 곤고와 박해, 기근과 적신, 위험과 칼이 우리를 노리는 곳입니다. 그러나 바울은 "누가 우리를 그리스도의 사랑에서 끊으리요"(롬 8:35)라고 선포합니다. 그리고 "그러나 이 모든 일에 우리를 사랑하시는 이로 말미암아 우리가 넉넉히 이기느니라"(롬 8:37)라고 선언합니다.

복음을 전하다 밧모 섬에 유배된 사도 요한이 소아시아의 교회들을 위해 기도할 때 보았던 환상은 무엇입니까? 소아시아 일곱 교회에 편지를 쓰면서 그는 '이기는 교회'의 환상을 전달합니다.

"이기는 자와 끝까지 내 일을 지키는 그에게 만국을 다스리는 권세를 주리니"(계 2:26).

그 능력 안에서 교회가 지켜지고, 복음을 전할 수 있으며, 하나님의 뜻을 이루는 소명을 감당하고 있는 것입니다. 물론 패배하는 교회도 있습니다. 패배하는 주의 종들도 있습니다. 그러나 궁극적 승리는 교회의 것입니다. 교회의 머리가 그리스도

이시기 때문입니다.

그러므로 교회의 지체된 우리도 하나님이 약속하신 이 능력 안에서 오늘을 살아야 합니다. 오늘의 사명을 감당하기 위해서 말입니다. 그리고 그 사명을 감당하기 위해, 주께서 우리를 위해 약속하시고 예비하시고 베푸신 그 능력이 얼마나 크고 위대한지를 알아야 합니다.

그렇습니다. 그리스도가 죽으신 이유는 우리를 살리기 위함입니다. 그분이 장미꽃처럼 짓밟히신 이유는 우리가 떨쳐 일어나 부활의 능력으로 주를 섬기게 하기 위함입니다. 바울은 우리가 그런 능력을 입기를 기도하라고 가르칩니다. 우리의 주님, 모든 능력과 모든 권세로 만물을 창조하시고 우리를 사망 권세에서 구원하신 주님, 지금 그분 앞에 엎드려 약속하신 그분의 지혜, 그분의 능력을 입혀주시길 기도해야 합니다.

● 결단의 기도

1. 무엇보다 하나님을 잘 아는 자가 되도록 기도합시다.

2. 하나님이 약속하신 미래의 소망을 잘 알게 해 달라고 기도합시다.

3. 하나님이 베푸시는 현재의 능력을 잘 알게 해 달라고 기도합시다.

02

삶의 균형을 위한 기도

> 내가 기도하노라 너희 사랑을 지식과 모든 총명으로 점점 더 풍성하게
> 하사 너희로 지극히 선한 것을 분별하며 또 진실하여 허물없이 그리스
> 도의 날까지 이르고 예수 그리스도로 말미암아 의의 열매가 가득하여
> 하나님의 영광과 찬송이 되기를 원하노라 *빌립보서 1:9-11*

오래된 명화 중에 〈아라비아의 로렌스〉란 영화가 있습니다. 이 영화는 세계 제1차 대전이 한창이던 1918년, 수에즈 운하를 둘러싸고 영국과 오스만 제국이 대치하고 있을 때의 실화를 바탕으로 만들어졌습니다. 당시 영국은 아랍의 참전을 끌어내어 오스만 제국과 대결하게 함으로 전세를 역전시키고자 정보국 소속의 로렌스 중위를 아랍에 파견합니다. 그는 수에즈 운하를 건너 사막을 지배하던 아랍 독립군 지휘자 파이살 왕자를

만나 연합군에 협력하게 해서 터키(튀르키예)군의 후방 아카바 공략에 성공했습니다. 이로 인해 그는 영국과 아랍 양편에서 영웅 대접을 받습니다.

그는 진심으로 자기의 조국인 영국을 사랑했고, 또한 아랍 사람들을 사랑했습니다. 그러나 영국은 로렌스의 기대처럼 아랍과 연합하고 싶어 하지 않았고, 아랍 사람들도 마찬가지였습니다. 영웅은 시간이 흘러가면서 자신이 국제 정세의 소모품에 지나지 않았던 존재임을 깨닫습니다. 좌절에 빠진 그가 조국에 돌아와 오토바이를 광적으로 몰아 자신의 생명을 버리는 비극으로 영화는 결말을 맺습니다. 젊은 장교의 사랑은 순수했지만, 그에게는 국제 정세를 바라보는 분별의 안목이 없었던 것입니다.

사랑은 인생에 있어 가장 중요한 가치라고 할 수 있습니다. 후회 없이 사랑하며 살다가 사랑을 남기고 가는 것, 이보다 더 중요한 일이 있을까요? 그러나 이러한 사랑에도 분별의 안목이 함께하지 않는다면 로렌스의 비극은 우리의 비극이 될 수 있습니다.

우리는 과거에 역사적인 남북정상회담을 통해 평화의 새로운 시대를 기대하곤 했습니다. 감사한 일입니다. 그러나 우리는 지금 남을 향해 돌변한 북의 모습을 대하고 있습니다. 그러므로 북을 향한 우리의 사랑이 선한 열매로 결실 맺으려면, 오늘의 국제 정세 속에서 북의 진정한 의도를 냉철하게 분별하는 안목을 놓치지 않도록 기도해야 합니다.

사도 바울은 제2차 전도 여행 중이던 주후 52년경 자신이 전도하고 개척했던 빌립보 교회의 사랑하는 영적 자녀들에게 10여 년이 지난 61년경 로마의 감옥에서 편지를 씁니다. 빌립보 교회는 대체로 건강한 교회였지만, 그 안에서 일어난 인간적 갈등이 교회의 미래를 방해하고 있다는 소식을 듣고 그들을 권면하기 위해 편지를 쓴 것입니다. 편지에서 바울은 "내가 기도하노라"라고 했습니다. 무엇을 위해 기도한다는 것일까요?

교회가 건강해지고, 성도들이 건강하게 성장하려면 삶의 균형추를 잘 유지해야 합니다. 우리가 인생을 건강하게 사는 데 필요한 삶의 균형추 두 가지는 사랑과 분별입니다. 분별을 잃은 사랑은 맹목적인 사랑이 됩니다. 반대로 사랑이 없는 분별은 아무리 옳은 것이라 해도 선한 열매를 가져오기 어렵습니다. 그래서 바울은 빌립보 성도들이 삶의 균형을 유지하도록 기도합니다. 우리도 건강한 삶의 균형을 위해 기도해야 합니다.

풍성한 사랑으로 자라가라

우선 사도 바울은 가장 중요한 성경적 가치인 '사랑'을 위해 기도합니다.

내가 기도하노라 너희 사랑을 지식과 모든 총명으로 점점 더 풍성하게 하사 _빌 1:9_

여기 사용된 '사랑'은 원어로 '아가페'_(agape)_란 단어입니다. 아가페는 예수님이 십자가에서 보여주신 사랑입니다. 우리가 예수님의 제자라면 우리도 당연히 그 사랑으로 풍성해야 할 것입니다. 바울은 이 사랑을 고정된 명사와 같은 것이 아닌 자라나는 것으로 보았습니다. 그래서 그 사랑이 점점 더 풍성해지기를 기도한 것입니다.

바울은 여기서 그들의 믿음을 위해 기도하지 않습니다. 믿음도 중요하지만 사랑만큼은 아닙니다. 또한 소망을 위해 기도하지도 않습니다. 소망이 중요하지만 사랑만큼 중요하지는 않기 때문입니다. 그는 빌립보 성도들이 신령한 은사를 받을 수 있도록 기도하지도 않습니다. 방언이나 예언 같은 은사들이 우리의 신앙생활에 놀라운 활력을 줄 수 있지만, 사랑만큼 중요하지는 않습니다. 그래서 바울은 '사랑장'으로 불리는 고린도 전서 13장을 이렇게 시작합니다. "내가 사람의 방언과 천사의 말을 할지라도 사랑이 없으면 소리 나는 구리와 울리는 꽹과리가 되고"(고전 13:1). 그리고 "그런즉 믿음, 소망, 사랑, 이 세 가지는 항상 있을 것인데 그중의 제일은 사랑이라"(고전 13:13)라는 말로 끝맺습니다.

바울은 단순히 사랑만을 위해 기도하지 않습니다. 그 사랑이 '지식과 총명이 수반된 사랑'이기를 기도합니다. 그래야 그 사랑이 맹목적인 사랑이 되지 않을 것이기 때문입니다. 그래야 그 사랑이 감상적인 사랑이 되지 않을 것이기 때문입니다. 여기서 '지식'은 주님과의 교제를 통해 얻어진 경험적이고 영적인 지식을 뜻합니다. '총명'은 우리가 말하는 '인사이트'(insight), 즉 통찰력이라고 할 수 있습니다. 이는 성령의 도우심으로만 가능한 능력입니다. 이런 영적 지식, 영적 통찰력이 함께할 때 우리의 사랑은 건강한 사랑이 될 수 있습니다.

사랑은 세상에서 가장 밝은 빛이지만, 오늘날의 세상에 드리운 어두움은 병든 사랑, 거짓된 사랑으로 말미암은 것이기도 합니다. 가정을 깨는 사랑, 교회를 분열시키는 사랑, 나라를 분열시키는 이데올로기 사랑과 같은 것들을 건강한 사랑이라고 할 수 있을까요? 아닐 것입니다. 그래서 바울은 빌립보 성도들이 지식과 총명이 수반된 아가페 사랑으로 풍성하기를 기도합니다. 이런 사랑은 오늘을 사는 우리에게도 반드시 필요합니다.

선한 것을 분별하라

바울은 우리가 사랑의 사람이 되도록 기도하면서 동시에 우리가 분별하는 사람이 되기를 기도합니다.

너희로 지극히 선한 것을 분별하며 또 진실하여 허물없이 그리스도의 날까지 이르고 _빌 1:10_

이 구절의 '분별'(dokimazo)이란 단어는 위조 화폐를 구별할 때, 혹은 당시에 유행하던 도자기가 가짜인지 진짜인지 구별할 때 사용되었습니다. 우리는 사랑의 삶을 살아야 하는데, 그 사랑이 건강한 사랑이 되기 위해서는 분별의 삶이 필요함을 강조한 것입니다.

그렇다면 도대체 무엇을 분별해야 합니까? 사도 바울은 '지극히 선한 것'을 분별하라고 말합니다. '지극히 선한 것'이란 단어는 바울 당시 그리스의 철학자들에 의해 보편적으로 쓰이고 있었는데, '최고선' 혹은 '지고선'(summum bonum)을 뜻합니다. 당시 그리스 철학자들은 '최고의 선'이 '행복'이라고 생각했습니다. 그러나 사도 바울의 견해는 달랐습니다. 그는 우리가 분별해야 할 최고의 선이 무엇이라고 여겼을까요? 로마서 말씀을 봅시다.

"너희는 이 세대를 본받지 말고 오직 마음을 새롭게 함으로 변화를 받아 하나님의 선하시고 기뻐하시고 온전하신 뜻이 무엇인지 분별하도록 하라"(롬 12:2).

여기서 바울은 우리가 분별해야 할 '최고의 선'이 '하나님의 뜻', 곧 '선하시고 기뻐하시고 온전하신 뜻'이라고 했습니다. 이것이 우리가 건강한 인생을 사는 데 가장 중요하다는 것입니다. 그는 빌립보서에서도 그 중요성을 다시금 강조합니다.

"너희 안에서 행하시는 이는 하나님이시니 자기의 기쁘신 뜻을 위하여 너희에게 소원을 두고 행하게 하시나니"(빌 2:13).

우리가 예수님을 믿고 나면 마음에 새로운 소원이 생깁니다. 그것은 그냥 생긴 것이 아니라 하나님의 기쁘신 뜻을 이루기 위한 소원일 수 있습니다. 하나님은 우리가 그것을 행할 수 있도록 도와주십니다.

이 구절은 제가 청년 시절에 인생의 모토로 삼았을 만큼 좋아하는 구절이기도 합니다. 하나님이 기뻐하시는 뜻이야말로 최고의 선입니다. 이것이 우리가 바라보고 붙들고 살아야 할 가장 중요한 가치입니다.

또한 10절에는 '진실하다', '허물이 없다'라는 두 단어가 나옵니다. 다시 말하면 분별하는 삶을 살아가면 우리가 진실하여 허물없는 인격으로 성장하여 그리스도의 날까지 이르게 된다는 것입니다. 우리는 매일의 삶 가운데 이러한 주님의 뜻을 분별하며 살아야 합니다. 그런 분별을 통해서만 우리의 인격은 진실하고 허물없는, 주님을 닮은 인격으로 성화될 수 있습니다.

여기서 '진실하다'라는 말은 '내적으로 섞이지 않은 단순성'을 의미합니다. 진실한 사람은 속이 복잡하지 않습니다. 단순합니다. 또한 '허물이 없다'는 것은 우리의 외적 행동을 강조하는 말입니다. 즉 외적으로도 다른 사람이 걸려 넘어지지 않게 행동해야 함을 말합니다. 우리가 예수님을 믿는다고 해서 그 즉시 우리의 인격이 예수님을 닮은 완전한 인격에 도달하지는 못합니다. 하지만 적어도 예수님을 믿게 되었다면, 적어도 새로운 사람이 되었다면 다른 사람에게 시험거리가 되어서는 안

된다는 것입니다.

우리가 하나님의 뜻을 내 인생의 '최고선'으로 수용하고, 그분을 기쁘시게 하겠다는 유일한 동기로 인생을 살고자 하면 진실하고 허물이 없는 인격으로 주님 앞에 설 수 있습니다. 이를 위해서는 날마다 주님의 뜻을 분별해야 합니다. 분별을 통해 주님이 기뻐하지 않으시는 일은 멈추고 정리하면 됩니다. 주님이 기뻐하시는 일에 열중하면 됩니다.

우리가 예수님을 믿고 나서 많이 부른 복음성가가 있습니다.

주님 뜻대로 살기로 했네.
뒤돌아서지 않겠네.
I have decided to follow Jesus.
No turning back.

이 찬양의 가사처럼 끝까지 주님을 따르는 삶이 되기를 바랍니다.

의의 열매를 맺으라

삶의 진정한 균형, 그것은 사랑하고 분별하며 사는 것입니다. 그런데 그런 삶을 통해 우리가 궁극적으로 기대하는 것이 무엇입니까? 사도 바울은 그것이 '의의 열매를 맺는 삶'이라고 말합니다. 그래서 마침내 우리의 삶 그 자체가 하나님의 영광과 찬송이 되는 일입니다.

예수 그리스도로 말미암아 의의 열매가 가득하여 하나님의 영광과 찬송이 되기를 원하노라 _빌 1:11_

우리가 예수님을 믿는 이유는 천국에 가기 위해서만은 아닙니다. 물론 천국에 가야 합니다. 그러나 예수님을 믿는 삶이라면, 지금 이 땅에 사는 동안에도 의의 열매를 맺으며 '나'라는 존재가 하나님의 영광과 찬송으로 드러나 이 세상에 영향을 끼칠 수 있어야 합니다. 이것은 하나님이 우리에게 원하시는 '지극히 선한 것'이 무엇인가를 분별하도록 기도해야 하는 이유이기도 합니다. 구원받은 자들을 향한 주님의 기대는 '선한 열매를 맺는 삶'입니다.

"너희는 그 은혜에 의하여 믿음으로 말미암아 구원을 받았으니 이것은 너희에게서 난 것이 아니요 하나님의 선물이라 행위에서 난 것이 아니니 이는 누구든지 자랑하지 못하게 함이라 우리는 그가 만드신 바라 그리스도 예수 안에서 선한 일을 위하여 지으심을 받은 자니 이 일은 하나님이 전에 예비하사 우리로 그 가운데서 행하게 하려 하심이니라"(엡 2:8-10).

우리 중에서 자신의 행위로 구원받을 자는 아무도 없습니다. 구원은 예수님 앞에 나온 사람들에게 주시는 선물입니다. 그러면 구원 선물을 받은 이후에는 마음대로 살아도 될까요? 바울은 이에 대해 답하면서, 우리가 구원받은 이유는 선한 일을 위함이라고 말합니다. 즉 선행을 통해서 구원받은 사람은 아무도 없지만, 구원받은 사람은 이제부터 선한 일을 행해야 한다는 것입니다.

우리는 선한 열매뿐 아니라 의의 열매도 맺어야 합니다. 우리가 예수 그리스도를 믿는 순간, 우리는 은혜로 하나님 앞에 의롭다 함을 받습니다. 이것을 '칭의'라고 합니다. 이렇게 의롭다 칭함을 받은 사람들은 아무렇게나 살아서는 안 됩니다. 의의 길을 걸어야 하고, 의의 열매를 맺어야 합니다.

그러나 이것도 나 혼자의 힘으로는 안 됩니다. 우리를 구원하신 예수님이 우리로 의의 열매를 맺도록 도우십니다. 그래서

11절은 "예수 그리스도로 말미암아"라고 시작합니다. 의의 근원되신 그리스도께서 우리로 의의 열매를 맺게 하십니다. 우리가 그리스도를 바라보고 날마다 그분께 우리의 삶을 드릴 때, 그분은 우리의 삶 속에 의의 열매가 가득하도록 도우실 것입니다. 그래서 하나님께 영광과 찬송이 되는 존재로 살아갈 수 있습니다.

주님의 은혜를 붙들라

이 장의 시작에서 소개했던 로렌스 중위가 남긴 에피소드가 있습니다. 세계 제1차 대전이 끝난 후, 그는 아랍 족장 대표들과 파리를 방문했습니다. 새로운 문물을 보여주고 싶은 마음에 루브르 박물관과 개선문 등 여러 곳에 데려갔지만, 그들은 아무 곳에서도 흥미를 보이지 않았습니다. 그런 그들이 제일 흥분하고 좋아한 것은 호텔 욕실 안에 있는 수도꼭지였습니다. 사막에서 살아온 그들에게는 옆으로 돌리기만 하면 물이 콸콸 쏟아져 나오는 수도꼭지가 정말 신기했던 것입니다.

그들이 호텔을 떠날 때 무슨 일이 일어났을까요? 모두가 수도꼭지를 떼어가기 위해 방을 부수기 시작했답니다. 로렌스 중위가 그들을 말리면서 수도꼭지를 통해 물이 나오는 원리를 설명하기가 얼마나 힘들었을까요?

우리의 삶에서도 이런 일이 일어나고 있는 것은 아닐까요? 생명의 수원(水源)이신 예수 그리스도를 제쳐놓고 내 힘만으로 의의 열매, 선한 열매를 맺기 위해 노력합니다. 하지만 그런 인생에는 아무런 변화도 일어나지 않습니다. 그분과 연결되어 있지 않기 때문입니다. 참으로 그분을 나의 구주로 믿는 순간, 믿음이 나와 주님을 연결시켜 줍니다. 연결이 된 후에 믿음이 오게 하는 힘, 그것이 기도입니다. 우리가 기도하면, 우리에게 진정으로 필요했던 생수가 부어질 것입니다. 우리가 기도할 때, 우리가 기다리던 의의 생수, 지식의 생수, 선의 생수가 넘치도록 주어질 것입니다.

만일 지금 나에게 사랑이 부족하다고 여겨진다면, 그것은 기도의 동력이 떨어졌기 때문입니다. 다시금 주님의 은혜를 구하십시오. 그러면 은혜의 생수, 사랑의 생수, 의의 생수가 밀려올 것입니다. 그때 그분이 주시는 사랑, 그분이 주시는 지식, 그분이 주시는 놀라운 능력으로 우리는 일어나 하나님을 찬양하며 이 땅에서 우리에게 주어진 사명을 감당하는 삶을 살아가게 될 것입니다. 이 놀라운 사랑과 분별의 은혜를 누리는 복이 인생 가운데 넘치기를 축원합니다.

● 결단의 기도

1. 우리와 우리가 중보하는 사람들이 무엇보다 사랑의 사람이 되도록 기도합시다.

2. 우리와 우리가 중보하는 사람들이 사랑과 함께 선한 것을 분별하는 균형을 갖게 되도록 기도합시다.

3. 우리와 우리가 중보하는 사람들이 의의 열매가 가득하여 하나님께 영광을 돌리게 되도록 기도합시다.

03

—

속사람의 강건을 위한 기도

> 이러므로 내가 하늘과 땅에 있는 각 족속에게 이름을 주신 아버지 앞에
> 무릎을 꿇고 비노니 그의 영광의 풍성함을 따라 그의 성령으로 말미암
> 아 너희 속사람을 능력으로 강건하게 하시오며 믿음으로 말미암아 그
> 리스도께서 너희 마음에 계시게 하시옵고 너희가 사랑 가운데서 뿌리
> 가 박히고 터가 굳어져서 능히 모든 성도와 함께 지식에 넘치는 그리스
> 도의 사랑을 알고 그 너비와 길이와 높이와 깊이가 어떠함을 깨달아 하
> 나님의 모든 충만하신 것으로 너희에게 충만하게 하시기를 구하노라
> *에베소서 3:14-19*

텔레비전에서 방영된 〈황금빛 내 인생〉이라는 드라마에서 주인공의 아버지가 상상암을 겪는 것으로 묘사된 적이 있었습니다. '상상암'이란 실제로는 존재하지 않는 병명이지만, 사소

한 증상에도 큰 병이 생긴 것처럼 염려하는 '건강 염려증'은 적지 않은 사람들이 겪고 있는 질병으로 알려져 있습니다. 2017년 한 해 동안 병원에서 건강 염려증으로 진단받은 사람들이 4천 명을 돌파했다고 합니다. 김난도 교수의 책 《아프니까 청춘이다》라는 책이 베스트셀러가 되니까 《아프니까 중년이다》라는 책이 등장했습니다. 분명한 것은 이 시대 최고의 관심이 '건강'이라는 것입니다.

우리나라가 고령화 사회로 진입하면서 고령 친화 건강사업의 규모가 무려 27조 3,800억 원에 달하고 있다고 합니다. 여가, 식품, 의약품, 요양 서비스, 운동, 다이어트 순으로 시장 수요가 폭발하고 있다고 합니다.

이것은 모두 우리의 몸, 성경적인 표현을 빌리자면 '겉사람'에 대한 관심입니다. 그런데 성경은 우리가 더 중요하게 관심을 가져야 할 것은 '겉사람'이 아닌 '속사람'에 대한 것이어야 한다고 말합니다. 사도 바울은 "그러므로 우리가 낙심하지 아니하노니 우리의 겉사람은 낡아지나 우리의 속사람은 날로 새로워지도다"(고후 4:16)라고 고백합니다. 또한 에베소 교회 성도들을 위해 기도하면서도 "너희 속사람을 능력으로 강건하게 하시오며"(엡 3:16)라고 합니다.

사도 바울은 여기에서 우리의 기도가 성삼위일체 하나님과 연관되어 있음을 가르칩니다. 먼저 기도의 대상이신 성부 하나님이 언급됩니다. "이러므로 내가 하늘과 땅에 있는 각 족속에게 이름을 주신 아버지 앞에 무릎을 꿇고 비노니"(엡 3:14-15).

이어서 우리의 기도의 응답의 실현자이신 능력의 성령이 언급됩니다. "그의 영광의 풍성함을 따라 그의 성령으로 말미암아 너희 속사람을 능력으로 강건하게 하시오며"(엡 3:16).

그리고 우리의 기도의 중보자요 주재자이신 성자 예수님이 언급됩니다. "믿음으로 말미암아 그리스도께서 너희 마음에 계시게 하시옵고"(엡 3:17).

그렇다면 성령의 능력으로 강건해진 속사람은 도대체 어떤 사람일까요?

그리스도가 마음의 주인 된 사람

사도 바울은 예수 그리스도를 구주와 주님으로 영접하고 성도 된 에베소 교우들에게 이렇게 말합니다.

믿음으로 말미암아 그리스도께서 너희 마음에 계시게 하시옵고 엡 3:17

우리는 예수 그리스도를 구주와 주님으로 영접한 순간부터 그분이 우리 마음에 거하신다는 것을 잘 알고 있습니다. 그러므로 바울의 기도는 영접의 차원에서 그리스도가 우리 마음에 거하신다는 의미가 아닙니다. '거한다'라는 말은 일반적으로 희랍어 원어의 '파로이케오'(paroikeo)를 번역한 것으로, '나그네로서 일시적으로 거한다'라는 뜻을 갖습니다. 그러나 사도 바울이 여기서 사용한 단어는 '카토이케오'(katoikeo)로, '영구적인 거주'를 의미하는 말입니다. 그리스도가 우리 마음에 주인으로 영원히 거하신다는 것입니다. 이제 우리의 마음은 그분이 거하실 집이 되었습니다.

물론 그분이 우리 마음을 자신의 거처로 삼으신 후에도 여전히 그분의 마음에 들지 않는 상태에 있을 수 있습니다. 그럴 때는 어떻게 하실까요? 그분이 거하시기에 합당하도록 리모델링 작업을 하지 않으시겠습니까? 그분이 주인으로 거하시기 합당하도록 말입니다. 본문에서 말하는 "그리스도께서 너희 마음에 '계시게'(카토이케오)"가 바로 그런 의미입니다. 그리스도께서 주인 되어 거하시며 다스리시는 마음이 바로 성령의 능력으로 통치되는 건강한 속사람의 마음입니다.

신학자 로버트 멍어가 쓴 책 중에 《내 마음 그리스도의 집》

이 있습니다. 쉽게 읽히면서도 심오한 영적 도전을 주는 책입니다. 그는 우리가 예수님을 영접할 때, 그분이 우리 마음을 거처 삼고 우리 안에 거하기 원하신다고 말합니다. 그런데 우리 마음의 집에는 여러 개의 방이 있습니다. 서재, 주방, 거실, 오락실, 침실, 벽장과 같은 것들입니다.

이 책에는 예수님이 마음의 서재에 들어오셔서 책장의 책들, 탁상 위의 잡지들, 벽에 걸린 그림들을 돌아보시는 모습이 나옵니다. 갑자기 부끄러운 생각이 들기 시작한 '나'는 "주님, 제 서재가 정리될 필요를 느낍니다. 주님 보시기에 거북스런 모든 것들은 버리겠습니다"라고 고백합니다. 이어서 주방에 들어가신 주님 앞에 '나'는 음식을 차려 드립니다. 그런데 주님은 한동안 말없이 상을 바라보시고는 가만히 계셨습니다. 불안해진 '나'는 "음식이 마음이 안드시나요?"라고 물었습니다. 그러자 그분은 "내게는 네가 모르는 양식이 있지. 만일 네가 나를 만족시킬 음식을 원한다면 내가 기뻐하는 뜻을 행할 수 있겠니?"라고 말씀하셨습니다.

그 후 '나'는 그분과 함께 거실로 갔습니다. 안락한 거실을 그분도 좋아하시는 듯했습니다. 주님은 "이 방이 우리가 대화하기가 참 좋구나. 가능한 매일 아침 여기서 나와 교제를 나누고 하루를 시작했으면 좋겠다"라고 하셨습니다. 한동안 그렇게 했습니다. 그러나 '나'는 바빠지면서 그분과의 교제를 등한히 하게 되었습니다. 어느 날 아침 거실을 지나다 보니 그분 홀로 벽난로 앞에 계셨습니다. '나'는 당황해서 "주님, 여기에 매일 아침 계셨습니까?"라고 물었고, 주님은 "그렇지, 난 너를 만나기 위해 매일 여기서 널 기다렸지"라고 말씀하셨습니다. '나'는 부끄러움으로 다시는 주님이 기다리시게 하지 않겠다고 말씀드려야 했습니다.

'나'는 오락실, 침실, 벽장으로 그분을 안내하며 더 많은 부끄러움을 경험해야 했습니다. 마침내 벽장에 숨겨둔 냄새나던 것들에까지 그분이 관심을 갖고 계시다는 것을 알게 된 '나'는 이렇게 말씀드립니다.

"주님, 제가 저의 집을 깨끗하게 정리하고 싶지만 그 일 자체도 제게는 너무 힘겨운 일인 것을 알게 되었습니다. 주님, 죄송하지만 주님이 이 집의 모든 책임을 맡으시고 제 마음을 주님의 뜻에 따라 다스려 주실 수 없을까요?"

이때 그분은 환한 미소로 '나'에게 말씀하셨습니다.

"그래. 난 이때를 기다려 왔단다. 네가 너 자신을 다스릴 능력이 없음을 인정하고 내게 네 모든 방의 열쇠를 주렴. 그리고 내가 이 집의 주인이 되도록 명의를 이전해줄 수 있겠니?"

그날, '나'는 마침내 주님에게 이런 고백을 드렸습니다.

"주여, 지금까지 제가 할 수 없는 주인 역할을 하려고 했습니다. 이제부터는 제가 하인입니다. 주님 당신만이 저의 주인이십니다."

'나'는 그날 집문서를 그분에게 드렸습니다. 그분 앞에 무릎을 꿇고 서명을 한 뒤 '나'의 모든 것이 그분의 것이 되도록 모든 열쇠와 함께 집문서를 그분께 드렸습니다.

이런 결단을 통해 주인 되신 그리스도의 다스림을 받는 사람, 그가 바로 속사람의 강건을 경험한 사람입니다.

그리스도의 사랑으로 충만한 사람

그렇다면 속사람이 강건한 사람은 어떤 사람일까요? 17절에 의하면 "사랑 가운데서 뿌리가 박히고 터가 굳어진 사람"입니다. 뿌리 깊은 나무의 이미지나 견고한 터, 지반 위에 세워진 반듯한 건물을 연상해보십시오. 그것이 곧 강건한 사람의 이미지가 아닐까요?

이어지는 바울의 기도를 들어보십시오.

능히 모든 성도와 함께 지식에 넘치는 그리스도의 사랑을 알고 그 너비와 길이와 높이와 깊이가 어떠함을 깨달아 하나님의 모든 충만하신 것으로 너희에게 충만하게 하시기를 구하노라

엡 3:18-19

속사람이 강건한 사람을 "사랑 위에 두 발이 굳게 선 사람"이라고 말한 유진 피터슨은 이 대목을 이렇게 번역했습니다.

나는 여러분이 그리스도께서 아낌없이 베푸시는 사랑의 크기를 예수를 따르는 모든 이들과 함께 이해할 수 있게 해주시기를 간구합니다. 손을 뻗어 그 사랑의 넓이를 경험해보십시오. 그 사랑의 길이를 재어 보십시오. 그 사랑의 깊이를 측량해보십시오. 그 사랑의 높이까지 올라가 보십시오. 하나님의 충만하심 안에서 충만해져 충만한 삶을 사십시오.

- 유진 피터슨, 《메시지》 중에서

또한 존 스토트는 여기서 말하는 '그리스도를 통해 보여주신 사랑의 넓이'가 당시의 유대인과 이방인을 함께 포용할 만큼 넓은 사랑이라고 말했습니다. '그리스도의 사랑의 길이'는 영원까지 계속될 만큼 충분히 긴 사랑이라고 말합니다. 또한

'그리스도의 사랑의 깊이'는 가장 타락한 죄인에게 미칠 수 있을 만큼 충분히 깊은 사랑이며, '그리스도의 사랑의 높이'는 우리를 안고 하늘로 올릴 만큼 충분히 높은 사랑이라고 말합니다. 이 사랑으로 충만한 사람, 그가 바로 속사람이 강건한 사람이라고 사도 바울은 말합니다.

여러 해 전, 미국의 한 정신병원에서 세상을 떠난 환자의 방을 청소하기 위해 들어간 사람이 벽에 적힌 시를 발견했습니다.

> 하늘을 두루마리 삼고 바다를 먹물 삼아도
> 한없는 하나님의 사랑 다 기록할 수 없겠네
> 하나님의 크신 사랑 그 어찌 다 쓸까
> 저 하늘 높이 쌓아도 채우지 못하네

비록 정신병과 싸우는 안타까운 세월을 산 사람이었지만 이 시가 그의 영혼의 위로와 능력이 되었던 것입니다. 이 무명의 시는 여러 사람들에게 알려지기 시작했고, 세월이 더 많이 흐른 어느 날 시골의 작은 교회를 무보수로 섬기던 프레데릭 레만 목사에게도 전해졌습니다. 그는 생계를 유지하고자 낮에는 치즈 공장에서 일했는데, 부인이 싸준 점심 도시락에 들어 있던 이 시를 읽고 큰 감동을 받습니다. 집에 돌아온 그는 자기 딸과 함께 이 시를 읽으며 거기에 곡을 붙였습니다. 후일 그들은 이 시가 11세기를 살았던 한 유대인 시인의 작품인 것을 알게 되었고, 이 시를 3절로 하고 1,2절을 덧붙여 찬송시를 탄생시킵니다.

> 그 크신 하나님의 사랑 말로 다 형용 못하네
> 저 높고 높은 별을 넘어 이 낮고 낮은 땅 위에
> 죄 범한 영혼 구하려 그 아들 보내사
> 화목제물 삼으시고 죄 용서 하셨네
> 하나님 크신 사랑은 측량 다 못하네
> 영원히 변치 않는 사랑 성도여 찬양하세
>
> - 새찬송가 304장, 〈그 크신 하나님의 사랑〉

이 찬송시가 한국 교회에서 유명해진 데는 한 계기가 있었습니다. 1974년 스위스 로잔에서 빌리 그래함 목사가 주최하는 '세계 전도자 대회' 둘째 날 저녁, 한국인 시각 장애인 가수 킴 윅스(Kim Wickes) 자매가 나와서 자신의 간증과 함께 이 찬양을 불러 장내에 숙연한 영적 감동을 남긴 것입니다. 그녀는 6.25전쟁 중 시력을 잃고 전쟁고아가 되었지만 하나님의 사랑을 알았던 한 미국 부부에 의해 입양되어 미국 생활을 시작합니다. 열두 살 나이에 빌리 그래함이 인디애나에서 전도 집회를 할 때 예수님을 영접하고 구원받은 그녀는 커서 하나님을 찬양하는 삶을 살겠다고 결심합니다.

이후 인디애나 대학과 오스트리아 비엔나 대학에서 성악을 전공한 그녀는 세계적인 성악가가 됩니다. 성악가로 성공할 수 있는 많은 기회가 있었지만, 그녀는 빌리 그래함 전도 팀과 함께 전 세계에 다니며 하나님을 찬양하고 간증을 나누었습니다. 자신이 시력을 잃은 것은 비극이지만 하나님을 찬양하는 전도자가 된 것은 그 크신 하나님의 사랑 때문이라고, 하늘을 두루마리 삼고 바다를 먹물 삼아도 다 기록할 수 없는 하나님의 사랑, 그리스도의 사랑 때문이라고 간증하는 전도자가 된 것입니다.

스위스 로잔 대회 후 그녀는 한국을 방문해 자신을 버렸던 아버지를 만나 하나님의 사랑을 증거했습니다. 당시 저는 그녀의 간증을 통역할 기회를 가졌습니다. 지금도 생생하게 기억나는 바, 그녀의 간증은 어디에서나 딱 한 가지였습니다. 그 크신 하나님의 사랑, 그것이 그녀가 살아온 기적이고, 지금도 삶을 살고 있는 이유라고. 정말 속사람이 강건한 사람의 간증이 아닙니까? 우리 모두 속사람의 강건을 위해 기도합시다.

● 결단의 기도

1. 그리스도로 주인 된 마음의 사람이 되도록 기도합시다.

2. 그리스도의 사랑으로 충만한 사람이 되도록 기도합시다.

3. 우리의 속사람이 겉사람 이상으로 날마다 강건해지도록 기도합시다.

04

육체의 가시를 위한 기도

여러 계시를 받은 것이 지극히 크므로 너무 자만하지 않게 하시려고 내 육체에 가시 곧 사탄의 사자를 주셨으니 이는 나를 쳐서 너무 자만하지 않게 하려 하심이라 이것이 내게서 떠나가게 하기 위하여 내가 세 번 주께 간구하였더니 나에게 이르시기를 내 은혜가 네게 족하도다 이는 내 능력이 약한 데서 온전하여짐이라 하신지라 그러므로 도리어 크게 기뻐함으로 나의 여러 약한 것들에 대하여 자랑하리니 이는 그리스도의 능력이 내게 머물게 하려 함이라 그러므로 내가 그리스도를 위하여 약한 것들과 능욕과 궁핍과 박해와 곤고를 기뻐하노니 이는 내가 약한 그 때에 강함이라 *고린도후서 12:7-10*

금세기의 기독교 변증작가인 C. S. 루이스가 쓴 저서 중에 《고통의 문제》란 책이 있습니다. 이 책 2장은 이런 말로 시작합니다.

"하나님이 선하시다면 자신이 만든 피조물들에게 완벽한 행복을 주고 싶어 할 것이며 하나님이 전능하다면 그 소원대로 할 수 있을 것이다. 그런데 지금 피조물들은 행복하지 않다. 그러므로 하나님은 선하지 않은 존재이거나 능력이 없는 존재 또는 선하지도 않고 능력도 없는 존재일 것이다."

이런 고통의 문제를 둘러싼 하나님의 정의를 논하는 신학적 담론을 가리켜 '신정론'(神正論, theodicy)이라고 부릅니다. 영어로는 'theos'(신)+'dikee'(정의)의 합성어로 '세상에 고통이나 악을 허용하시는 하나님은 과연 정의로우신가?'라는 질문을 다루는 논의를 의미합니다. 즉 전능하신 하나님이 악을 그대로 두신다면 그는 선하신 하나님이 아니며, 만일 그가 악을 다스릴 능력이 없으신 분이라면 전능한 신이 아니라고 말해야 하는가의 문제입니다.

기독교 역사상 가장 존귀하고 위대하게 쓰임 받은 예수의 제자가 있다면 사도 바울일 것입니다. 그런데 이 사도 바울에게도 원인을 알 수 없는 '육체의 가시'가 있었습니다.

여러 계시를 받은 것이 지극히 크므로 너무 자만하지 않게 하시려고 내 육체에 가시 곧 사탄의 사자를 주셨으니 이는 나를 쳐서 너무 자만하지 않게 하려 하심이라 고후 12:7

여기 사용된 '가시'의 희랍어 단어인 '스콜롭스'(skolops)는 작은 가시가 아니라 뾰족한 막대기를 의미하는 것으로, 견디기 어렵도록 쑤셔대는 무서운 고통을 뜻합니다. 성경학자들은 이 가시의 정체를 둘러싸고 여러 가지 의견을 제시합니다만, 대체로 바울을 괴롭히던 어떤 육체적 질병을 뜻하는 것으로 추정합니다. 바울에게 말라리아 열병이 있었다는 견해부터 간질이 있었다는 견해도 있습니다. 가장 보편적인 견해는 안질설입니다. 아마도 다메섹 도상에서의 강력하고도 초자연적인 빛의 내려쬐임으로 평생 안질을 앓게 되었을 것이라는 견해입니다.

갈라디아서 4장 14-15절은 이런 견해를 주장하는 근거가 됩니다.

"너희를 시험하는 것이 내 육체에 있으되 … 너희가 할 수만 있었더라면 너희의 눈이라도 빼어 나에게 주었으리라."

이어지는 6장 11절에서도 "내 손으로 너희에게 이렇게 큰 글자로 쓴 것을 보라"라고 했는데, 이는 바울이 자신의 시력에 대한 핸디캡을 고백하는 것으로 보입니다.

그렇다면 이런 육체의 시험거리, 질병의 고통과 싸워야 할 때 우리가 할 일은 무엇입니까? 우리는 무엇을 위해 기도해야 할까요?

하나님의 치유의 은혜를 구하라

우선적으로 할 일은, 바울처럼 그 가시가 떠나가도록 기도하는 것입니다.

이것이 내게서 떠나가게 하기 위하여 내가 세 번 주께 간구하였더니 _고후 12:8_

여기서 말하는 '세 번'이란 바울이 작정하고 전심으로 기도한 횟수가 아니었을까 싶습니다. 아마도 그는 예수님의 본을 따르려 한 것 같습니다. 예수님은 광야에서 사탄에게 세 가지 시험을 받으시며 세 차례 기도하셨고, 겟세마네 동산에서 세 번 기도하는 모범을 보이셨습니다.

사실 바울은 회심 직후부터 기도의 능력을 체험했습니다. 다메섹에서 예수님을 만난 후 그는 거의 실명 상태였던 것으로 보입니다.

"사울이 땅에서 일어나 눈은 떴으나 아무것도 보지 못하고 사람의 손에 끌려 다메섹으로 들어가서 사흘 동안 보지 못하고 먹지도 마시지도 아니하니라"(행 9:8-9).

그래서 하나님은 준비된 종 아나니아를 바울에게 보내 그를 위해 안수하게 하십니다.

"아나니아가 떠나 그 집에 들어가서 그에게 안수하여 이르되 형제 사울아 주 곧 네가 오는 길에서 나타나셨던 예수께서 나를 보내어 너로 다시 보게 하시고 성령으로 충만하게 하신다 하니 즉시 사울의 눈에서 비늘 같은 것이 벗어져 다시 보게 된지라 일어나 세례(침례)를 받고 음식을 먹으매 강건하여지니라"(행 9:17-19).

이것은 그가 처음으로 경험한 치유의 기적이었습니다.

안디옥 교회에서 선교사로 파송된 사도 바울은 이제 그 자신이 기적의 도구가 되어 수많은 사람들을 치유하는 일에 쓰임받았습니다. 우리는 사도행전에서 이런 장면들을 목격하게 됩니다.

"바울이 말하는 것을 듣거늘 바울이 주목하여 구원받을 만한 믿음이 그에게 있는 것을 보고 큰 소리로 이르되 네 발로 바로 일어서라 하니 그 사람이 일어나 걷는지라"(행 14:9-10).

또 '유두고'라는 청년이 삼층 다락에서 말씀을 듣다가 떨어져 죽은 것을 다시 살리는 기적을 봅니다(행 20). 28장에서는 멜리데 섬에서 뱀의 독을 다스리는 기적을 행하는 이야기가 나옵니다. 또한 그 섬에서 가장 높은 보블리오의 부친이 열병과 이

질에 걸린 것을 보고 안수하여 치유합니다. 그는 여러 경우에서 정녕 기적의 방편이요 도구였습니다.

병든 자를 위해 기도하는 것은 예수님이 친히 보여주신 모범이었습니다. 사도 야고보도 "너희 중에 병든 자가 있느냐 그는 교회의 장로들을 청할 것이요 그들은 주의 이름으로 기름을 바르며 그를 위하여 기도할지니라 믿음의 기도는 병든 자를 구원하리니 주께서 그를 일으키시리라 혹시 죄를 범하였을지라도 사하심을 받으리라"(약 5:14-15)라고 말합니다. 그러므로 육체의 질병이 낫기 위해 기도하는 것, 육체의 가시가 떠나도록 기도하는 것은 성경적입니다. 그러므로 지체하지 말고 치유하시는 하나님의 도움을 입기 위해 기도하십시오.

가시를 허용하신 이유를 발견하라

믿음의 사람들은 믿음의 기도가 치유를 가져온다는 것을 믿습니다. 그런데 열심히 기도했음에도 불구하고 우리가 원하는 치유가 일어나지 않을 때, 우리는 어떻게 해야 할까요? 바울은 세 번에 걸친 작정기도에도 불구하고 그가 원했던 대로 육체의 가시가 떠나지 않자 "하나님, 저의 기도에도 불구하고 이 육체의 가시를 그대로 두시는 데는 어떤 이유가 있나요?"라고 물었던 것으로 보입니다. 마침내 육체의 가시를 허용하신 이유를 기도 중에 알게 된 바울은 이렇게 고백합니다.

여러 계시를 받은 것이 지극히 크므로 너무 자만하지 않게 하시려고 내 육체에 가시 곧 사탄의 사자를 주셨으니 이는 나를 쳐서 너무 자만하지 않게 하려 하심이라 *고후 12:7*

바울은 육체의 가시, 그 찌르는 고통 자체를 하나님이 주신 것으로 이해하지는 않았습니다. 하나님은 우리를 고통스럽게 하고 우리를 찌르는 분이 아니십니다. 그것은 모두 원수 마귀 사탄이 하는 일입니다. 그래서 바울이 이를 두고 "사탄의 사자"라고 한 것입니다. 그러나 사탄 마귀가 우리를 고통스럽게 하도록 하나님이 허용하신 것은 사실입니다. 왜 그렇게 하셨을까요? 바울은 이에 대해 "자만하지 않게 하시려고"라고 말합니다.

그는 자신이 지금까지 여러 계시를 받은 것이 지극히 크기에, 만일 건강마저 주어졌더라면 자기가 신이 된 듯 착각할 가능성이 있는 사람임을 알았습니다. 그래서 자신을 겸손하게 하시려고 육체의 가시를 허용하셨음을 깨달은 것입니다. 하나님은 그가 건강하지 못한 육체의 가시를 지닌 채 겸손히 하나님을 의지하며 사는 것이 많은 은사와 건강을 받음으로 하나님 없이 살아갈 수 있는 존재로 자신을 우상화하는 것보다 낫다는 것을 아셨습니다.

성 어거스틴은 그의 유명한 《고백록》에서 "주께서 내게 주를 두려워하는 마음을 주시어 내 교만을 꺾으시고 내 목을 길들여 주님의 멍에를 메도록 하셨나이다"라고 고백합니다. 그는 또한 '그리스도인에게 가장 중요한 덕목이 무엇이냐?'라는 질문에 "첫째도 겸손, 둘째도 겸손, 셋째도 겸손"이라고 대답했습니다. 그리고 그는 자주 "천사를 마귀 되게 한 것이 교만이고, 사람을 천사 되게 하는 것이 겸손이다"라고 말한 것으로 전해집니다.

하나님이 바울에게 육체의 가시를 허용하신 이유는 그를 겸손한 주의 사도로 만들고자 하는 그분의 섭리였습니다. 기도해도 떠나지 않는 가시가 당신을 괴롭히고 있습니까? 그렇다면 이제 그 가시를 허용하신 주의 뜻을 알게 해달라고 기도하십시오.

가시를 압도하는 은혜의 능력을 간구하라

그러면 떠나지 않는 가시를 허용하신 주의 뜻을 헤아리게 된 우리는 이제 무엇을 놓고 기도해야 할까요? 나를 괴롭히는 가시를 압도하는 주의 은혜가 임하도록, 그래서 그 가시에도 불구하고 우리의 사명을 능히 감당하도록 기도해야 할 것입니다. 다시 말하면 가시를 압도하는 은혜의 능력이 임하도록 기도해야 한다는 말입니다. 바울은 그렇게 했습니다.

나에게 이르시기를 내 은혜가 네게 족하도다 이는 내 능력이 약한 데서 온전하여짐이라 하신지라 그러므로 도리어 크게 기뻐함으로 나의 여러 약한 것들에 대하여 자랑하리니 이는 그리스도의 능력이 내게 머물게 하려 함이라 고후 12:9

바울은 자신에게 주어진 가시, 그 약함 때문에 오히려 주의 능력을 더욱 의지하게 되었습니다. 그리고 그때마다 오히려 그를 강하게 하시는 주의 은혜를 역설적으로 체험할 수 있었습니다. 마침내 그는 이렇게 선포하기에 이릅니다.

그러므로 내가 그리스도를 위하여 약한 것들과 능욕과 궁핍과 박해와 곤고를 기뻐하노니 이는 내가 약한 그때에 강함이라 고후 12:10

그러므로 당신을 찌르는 가시의 고통이 아플수록 엎드려 더욱 그분의 은혜를 간구하십시오. 가시를 압도하는 은혜의 능력이 부어지도록 기도하십시오.

미국 오클라호마 주 시골 마을에 할아버지가 목사였던 집안에서 자라난 한 소년이 있었습니다. 그는 어려서부터 늘 교회에 다녔지만 아버지에게 칭찬을 받지 못하고 자랐습니다. 중학생이 된 그는 자기와 동성인 소년들과 사랑을 실험하기 시작했고, 소위 동성애에 빠져들게 되었습니다. 오클라호마 크리스천 대학에 입학했지만 대학에서도 비밀리에 동성애 친구와의 만남을 이어갔습니다. 그러다 멜린다라는 여학생을 만나게 되면서 이성과의 사랑을 시도해보았지만, 대학 졸업을 앞두고 "너를 불행하게 만들고 싶지 않다"라며 그녀와 헤어집니다. 그녀가 인간적으로 좋았지만 성적인 끌림을 느끼지 못했기 때문이었습니다. 그 후로 너무나 큰 고통으로 자살을 시도하기도 했습니다.

깊은 절망 속에 살던 그는 자기 병을 고치기 위한 마지막 시도로 신학교 진학을 고민했습니다. 그때 한 믿음 좋은 친구가 전화를 걸어와 "하나님이 꿈에서 너에게 음악을 주실 거라고 말씀하셨어. 그 노래는 온 세상에서 불릴 거라고. 넌 음악을 해야 한다고 말이야"라고 말합니다. 그의 어머니도 똑같은 꿈을

꾸었다면서 당분간 자신의 집에서 함께 살며 노래를 만들어보는 것이 어떻겠는지 제안했다고 합니다. 그래서 신학교를 포기하고 그 집에 들어가 함께 살며 피아노 앞에 앉아 작곡을 시작했습니다.

그는 노래를 써내려가면서 시편과 사무엘서에서 다윗의 생애를 읽었고, 다윗에게 주신 '하나님의 마음에 합한 사람'의 은혜를 간절히 구했습니다. 그 무렵 그 집 가족과 함께 '사도행전 2장 콘서트'에 참여하게 된 그는 거기서 은혜를 받습니다. 찬양을 인도하던 분이 말했습니다.

"주께서 용서하지 못할 죄도, 치유하지 못할 죄도 없습니다. 당신의 죄를 더 이상 숨길 필요가 없습니다. 그는 당신을 너무나 사랑하셔서 기다리고 계십니다."

그는 지금까지 하나님이 다른 모든 죄는 용서하셔도 동성애의 죄는 용서하지 않으신다고 생각해왔지만, 인생 처음으로 예수께서 자신의 동성애의 죄를 위해 십자가에 못 박히신 것을 믿게 되었습니다. 그날 그는 손을 들고 자기를 위해 죽으시고 자신을 새롭게 하고자 부활하신 주께 자신을 드린다고 고백합니다. 동성애의 끌림이란 가시보다 더 큰 은혜가 그의 삶에 부어지는 것을 느낍니다. 이때 그를 통해 만들어진 노래가 있습니다.

약할 때 강함 되시네 나의 보배가 되신 주
주 나의 모든 것
주 안에 있는 보물을 나는 포기할 수 없네
주 나의 모든 것
십자가 죄 사하셨네 주님의 이름 찬양해
주 나의 모든 것
쓰러진 나를 세우고 나의 빈 잔을 채우네
주 나의 모든 것
예수 어린 양 존귀한 이름
예수 어린 양 존귀한 이름

그가 데니스 저니건(Dennis Jernigan)입니다. 그는 이후 대학 시절 성적 끌림이 없어 멀리했던 멜린다와 결혼했고, 아홉 명의 자녀를 두면서 주께서 허락하신 은혜의 능력으로 새 인생을 살고 하나님께 존귀하게 쓰임 받고 있습니다. 우리에게도 이런 은혜가 필요하지 않습니까?

1. 우리의 육체의 가시(고통)가 떠나도록 기도합시다.

2. 그 가시가 떠나지 않거든 그 가시를 허용하신 이유를 알게 해 달라고 기도합시다.

3. 그 가시를 압도하는 하나님의 은혜를 입게 해 달라고 기도합시다.

Part 2

기도의
지평을 넓히라

05

지도자들을 위한 기도

> 그러므로 내가 첫째로 권하노니 모든 사람을 위하여 간구와 기도와 도고와 감사를 하되 임금들과 높은 지위에 있는 모든 사람을 위하여 하라 이는 우리가 모든 경건과 단정함으로 고요하고 평안한 생활을 하려 함이라 *디모데전서 2:1-2*

디모데전서는 흔히 목회서신으로 불립니다. 사도 바울은 이 편지에서 자신의 승계자 역할을 감당할 디모데에게 어떤 자세로, 무엇을 중요하게 여기며 목회에 임해야 하는지를 가르칩니다. 제가 만약 바울의 입장에 있었다면 디모데에게 쓰는 편지를 "그러므로 내가 첫째로 권하노니, 목회에서 무엇보다 중요한 것은 설교 준비를 제대로 하고 감동적인 설교를 전달하는 일이라"라고 시작했을 것 같습니다. 그런데 바울은 이렇게 말합니다.

> 그러므로 내가 첫째로 권하노니 모든 사람을 위하여 간구와 기도와 도고와 감사를 하되 _딤전 2:1_

다시 말하면 이웃을 위한 중보기도가 무엇보다 중요한 목자의 미션이어야 한다는 것입니다. 그렇다면 바울의 충고를 수용하고 제 편견을 수정해서 중보기도 사역을 권한다고 합시다. 목자는 누구를 위해 먼저 기도해야 할까요? "병들고 아프고 실패하고 인생의 세파에 힘들어 하는 소외된 양들을 위해 먼저 기도하라"라고 권하는 것이 합당한 충고가 아니겠습니까? 그런데 바울은 다시 우리의 상식을 깨는 권면을 전합니다.

> 임금들과 높은 지위에 있는 모든 사람을 위하여 (먼저 기도)하라 _딤전 2:2_

하나님도 권력에 약한 분이시고 높은 자리를 좋아하셔서 이런 권면을 하셨을까요? 결코 아닙니다. 이어지는 본문을 읽은 후에야 비로소 우리는 이렇게 해야 할 이유에 공감하게 됩니다. 그 이유는 바로 높은 지위에 있는 지도자들의 결정이 바로 우리 삶의 정황에 영향을 끼치기 때문입니다.

소위 임금과 높은 지위에 있는 이들은 나라와 사회의 정책을 결정합니다. 그들의 결정에 가장 민감한 영향을 받게 될 사람들은 사회적 강자들이 아닌 사회적 약자들입니다.

그렇다면 다시 우리의 편견을 수정해서 우리의 중보기도 리스트에 지도자들을 올려 기도를 시작한다고 합시다. 우리는 어떤 지도자들을 위해 먼저 기도해야 할까요? 내가 투표해서 높은 지위에 올라간 지도자들, 즉 내가 선호하는 지도자들을 위해 먼저 기도하는 것이 바른 순서가 아닐까요? 사도 바울이 디모데에게 기도하라고 말한 '임금'은 누구일까요? 놀랍게도 그는 다름 아닌 네로 황제입니다.

네로는 로마 방화의 책임을 그리스도인들에게 돌려 잔인하게 그리스도인들을 핍박하고, 초대 그리스도인 공동체를 와해시켰으며, 그리스도인들을 흩어버린 당시 그리스도인의 공적 1호였습니다. 그런데 바울은 네로와 그 아래에서 함께 일하는 지도자들을 위해 먼저 중보기도 하라고 말합니다.

이 권면을 우리의 상황에 적용한다면 우리의 중보기도 리스트 1위에 와야 할 사람이 누구일까요? 북의 김정은 위원장이 아니겠습니까? 김정은 위원장과 그의 대화 파트너인 한국의 대통령, 이 두 지도자의 결정에 영향을 끼칠 미국의 대통령, 중국의 시진핑, 일본의 수상, 소련의 푸틴을 위해 기도하고 계십니까? 우리는 역사의 새날까지 이들을 위해 기도해야 합니다.

다시 디모데전서 말씀으로 돌아와, 우리가 지도자들을 위해 기도해야 할 참된 이유가 무엇인지 생각해 봅시다.

우리의 사람됨에 영향을 끼치는 중보기도

기도할 때 갖게 되는 잘못된 가정의 하나는 우리가 기도함으로 하나님을 바꿀 수 있다는 생각입니다. 그러나 기도는 하나님을 바꾸는 것이 아니라 기도하는 우리 자신을 바꿔 놓습니다. 바울은 우리가 기도하는 중에 모든 경건과 단정함으로 기도하는 사람이 된다고 가르칩니다. 여기서 '경건'은 하나님을 향한 태도를 강조하는 단어이며, '단정'은 사람들을 향한 태도를 강조할 때 더 많이 쓰이는 단어입니다. 우리가 진정으로 기도하는 사람이 되면 두 가지 복이 따라 옵니다.

1. 경건한 사람이 되는 복

2절에 나오는 '경건'과 '단정'이라는 두 개의 단어에 주목해봅시다. 우선 경건은 'eusebeia'란 단어로, 'eu'*(well, 잘)*에

'sebomai'*(존중하는, 예배하는, 헌신하는)*를 합성해 '하나님을 존중하고 그분에게 삶을 드리는 예배의 태도'를 의미합니다. 영어로는 'godliness'*(하나님 같은, 닮은)*로, 역시 하나님을 닮은 태도를 뜻합니다.

그리스도인의 존재 이유가 하나님의 형상을 회복하고 예수님 닮는 삶을 사는 것 아닙니까? 그러므로 우리가 기도한다는 것은 '하나님을 바라보는 태도로 그분을 닮아가는 삶을 산다'라는 의미입니다. 기도는 우리를 경건한 삶으로 인도하며, 경건한 사람이 되게 합니다.

2. 단정한 사람이 되는 복

'단정'이란 단어는 'semnotes'로 '타인을 향한 진지함', '정중함'을 뜻하는 단어입니다. 영어 성경 NIV에는 'holiness', KJV에는 'honesty'라는 단어가 사용되었습니다. 다른 번역에는 'gravity' 혹은 'honorable'가 사용되었는데, 이는 '타인을 존중하는 태도'를 의미합니다. 기도하는 대상을 경멸할 수는 없습니다. 기도하는 대상을 존중하게 됩니다. 이웃을 위해 많이 기도하다 보면 인간을 가볍게 다루지 않게 됩니다. 진지하고 정중하게 대하게 됩니다. 이것이 기도의 복입니다.

기도, 특히 중보기도는 우리를 단정한 삶으로 인도하고 우리를 단정한 사람이 되게 합니다. 그러므로 중보기도는 우리로 하나님을 향해서는 경건한 사람이 되게 하고, 사람을 향해서는 단정한 사람이 되게 하는 것입니다. 기도는 우리의 사람됨에 이런 영향을 끼칩니다.

삶의 정황을 결정하는 중보기도

우리가 지도자들을 위해 기도해야 할 더 중요한 이유는 기도가 우리 삶의 정황을 결정하기 때문입니다. 본문에는 우리가 갈망하는 성경적 삶의 특성 두 가지가 묘사되어 있습니다. 바로 '고요'와 '평안'입니다. 우리는 누구나 고요하고 평안한 삶을 추구합니다. 외부적인 삶의 요인에 의해 흔들리고 영향 받고 불안해하는 삶, 이것이 지난 반만년 한반도에서 삶을 영위해온 민초들의 생존 방식이었습니다. 그런데 사도 바울은 우리가 지도자들을 위해 중보기도를 해야 할 중요한 이유가 외적으로(환경적으로) 고요하고, 내적으로(실존적으로) 평안한 삶을 영위하기 위함이라고 말합니다.

1. 고요한 삶을 가져다주는 기도

지도자들의 결정에 의해 우리네 삶은 매우 시끄러운 삶이 될 수도 있고 고요한 삶이 될 수도 있습니다. 오랫동안 우리가 갈망해온 우리나라의 이미지는 '고요한 아침의 나라'였습니다. 아마도 이것은 '조선'(朝鮮)이란 한자어의 의미에서 비롯된 것으로 보입니다. '조'(朝) 자가 아침을 뜻하고, '선'(鮮) 자가 깨끗함, 조용함을 뜻한다는 의미로 영어로 'Morning calm/the land of morning calm'라고 옮긴 것으로 보입니다.

옛 선교사님들이 이 땅에 와서 복음을 전하면서 우리나라가 복음의 말씀으로, 그리고 기도로 그런 땅이 될 가능성을 보고 흥분했다고 합니다. '조선'의 '조(朝) 자를 분석해 日(태양)과 月(월, 달)이 있고, 日 위와 아래에 십자가 있는 것을 보고, 낮이나 밤이나 십자가가 다스리는 나라, 그것이 우리의 미래가 되기를 기도했다고 합니다. 그러나 현실은 바람 잘 날이 없는 고통스런 사건의 연속으로 불안과 긴장의 세월을 살아왔습니다. 분단의 비극 때문이었습니다.

2. 평안한 삶을 가져다주는 기도

우리를 둘러싼 외적 환경의 고요함도 중요하지만 이 땅

의 민초들 한 사람 한 사람 마음에 평안의 은혜가 임하는 것이 얼마나 중요한 바람인지 모릅니다. 여기서는 '헤쉬키오스'(hesukios)란 단어가 쓰였는데 흔히 'peaceful'로 번역되며, 때로 '안정한'(벧전 3:4)이란 단어로 번역되기도 합니다. 상황이 요동치는 긴장이 아닌 '안정된 평화'를 뜻하는 것입니다. 이런 평화가 이 땅에, 그리고 이 땅에 사는 고달픈 우리에게 얼마나 필요한지요?

어떻게 하면 이런 평화가 우리에게 임할 수 있을까요? 다시 사도 바울의 약속의 말씀을 보겠습니다.

"아무것도 염려하지 말고 다만 모든 일에 기도와 간구로 너희 구할 것을 감사함으로 하나님께 아뢰라 그리하면 모든 지각에 뛰어난 하나님의 평강이 그리스도 예수 안에서 너희 마음과 생각을 지키시리라"(빌 4:6-7).

이것이 바로 기도의 은혜입니다. 사도 바울은 이제 가능한 모든 방법의 기도, 모든 형태의 기도로 우리의 지도자들을 위해 기도해야 한다고 말합니다.

"그러므로 내가 첫째로 권하노니 모든 사람을 위하여 간구와 기도와 도고와 감사를 하되"(딤전 2:1).

여기 등장하는 여러 형태의 기도 방식은 모든 방법의 기도를 권면하는 것으로 보이지만 주석가 헨드릭슨은 무의미한 반복이 아니라 각 기도에 기술적 차이가 있다고 주장합니다. 예컨대 '간구'는 특별한 기도의 요청, '기도'는 일반적인 기도의 요청, '도고'는 누군가를 대적하는 위기 상황의 기도, '감사'는 하나님으로부터의 축복에 대한 기도라고 보고 있습니다.

우리는 모든 사람들을 위해 이런 기도를 드려야 하지만, 특히 지도자들을 위해 간구하고 기도하고 도고하고 감사할 필요가 있습니다. 지도자들이 중요한 결정을 내려야 하는 상황에서는 더욱 그렇게 기도할 필요가 있습니다. 그러므로 오늘의 한반도 상황에 연관된 지도자들을 위한 기도는 정말 절실합니다.

한반도의 평화통일을 위해 기도할 때마다 떠오르는 기도회가 있습니다. 독일의 라이프치히(과거 동독에 속함)에 소재한 성 니콜라이 교회의 평화기도회입니다. 1982년부터 매주 월요일 오후 5시마다 기도회 참여자들은 노란색 종이에 기도제목을 적고, 촛불을 켜 기도를 시작했다고 합니다. 이 기도회를 시작한 퓌러 목사님은 이 기도회가 겨자씨만큼이나 작게 시작되었다고 회고하며, 누구도 하나님이 그렇게 위대한 결과를 위해 이 기도회를 사용하실지 예측하지 못했다고 말합니다.

원래 이 기도회는 6명만이 참석하는 작은 기도회였다고 합니다. 그러나 퓌러 목사님은 꾸준히 기도회를 이끄셨고, 기도회 간간히 독일의 미래에 대한 자유 발언 시간을 허용했다고 합니다. 그는 아주 반복적으로 독일의 미래에 대한 의견 표현의 중요성, 그리고 하나님의 주권을 신뢰하는 기도의 중요성과 무엇보다 비폭력적 평화를 강조했다고 합니다. 그리고 의견 발표 후에는 다시 기도의 제목을 주께 올려드리고 기도회를 종결했다고 합니다.

1989년 10월 9일 이 교회를 포함한 인근 교회에 3천 명이 모였고, 기도회 후에 열린 평화 시위에는 7만 명이 모여 비폭력과 평화를 외쳤습니다. 그날의 치안 책임자는 후일 "우리는 그날 시위를 대비한 모든 준비를 갖추었지만, 모인 이들의 기도와 촛불에 대하여는 준비되지 못했다"라고 고백했습니다. 마침내 베를린의 벽은 무너졌고, 피 한 방울 흘리지 않고, 독일의 평화통일은 이루어졌습니다.

이 땅 한반도에서도 이런 일들이 이루어지도록 우리의 기도가 필요한 때가 아닌가요? 이 땅을 위해 우리의 간구, 우리의 기도, 우리의 도고, 그리고 우리의 감사를 주께 올려드릴 수 있기를 기대합니다.

1. 우리나라와 주위 국가 지도자들을 위해 날마다 정기적으로 기도합시다.

2. 지도자들을 위해 기도하는 중에 기도하는 우리 자신이 경건하고 단정한 사람으로 주 앞에 서게 되도록 기도합시다.

3. 우리의 지도자들을 위한 중보기도를 통해 우리나라가 고요하고 평안한 삶을 누리는 나라가 되도록 기도합시다.

06

사역자를 위한 기도

> 끝으로 형제들아 너희는 우리를 위하여 기도하기를 주의 말씀이 너희 가운데서와 같이 퍼져나가 영광스럽게 되고 또한 우리를 부당하고 악한 사람들에게서 건지시옵소서 하라 믿음은 모든 사람의 것이 아니니라 주는 미쁘사 너희를 굳건하게 하시고 악한 자에게서 지키시리라 너희에 대하여는 우리가 명한 것을 너희가 행하고 또 행할 줄을 우리가 주 안에서 확신하노니 주께서 너희 마음을 인도하여 하나님의 사랑과 그리스도의 인내에 들어가게 하시기를 원하노라 _데살로니가후서 3:1-5_

'사역자'(Minister)라는 말은 사용하기에 따라 다양한 뉘앙스를 갖습니다. 좁은 의미에서 사역자는 목사, 전도사, 선교사와 같이 전적으로 복음을 전하는 일에 헌신한 일꾼을 의미할 수 있습니다. 그러나 넓은 의미에서는 복음을 위해 일하는 모든 성도를 의미합니다. 사실 성경적으로 보면 목사의 존재 이유는 성도들을 사역자다운 사역자로 세우는 것입니다.

"그가 어떤 사람은 사도로, 어떤 사람은 선지자로, 어떤 사람은 복음 전하는 자로, 어떤 사람은 목사와 교사로 삼으셨으니 이는 성도를 온전하게 하여 봉사의 일을 하게 하며 그리스도의 몸을 세우려 하심이라"*(엡 4:11-12)*.

다시 말하면 교회 안의 대표적인 리더들*(사도, 선지자, 복음 전도자, 목사, 교사)*의 존재 이유는 성도들을 온전하게 하여 그들로 봉사의 일, 즉 사역을 잘 감당하게 하려는 것이라고 말합니다. 리더의 존재 이유는 모든 성도들이 사역을 잘 감당하는 사역자가 되도록 훈련하는 것이라고 말합니다. 그렇다면 우리는 모든 성도들이 넓은 의미에서 사역자다운 사역자로 사명을 다할 수 있도록 기도해야 할 것입니다.

바울은 데살로니가 성도들에게 사역자를 위한 기도를 부탁합니다. 우리는 그 내용에서 오늘의 사역자를 위한 기도제목을 발견하고자 합니다. 바울은 선교 팀*(바울, 실라와 디모데, 살전 1:1, 살후 1:1)*을 이루어 제2차 세계 선교*(주후 50-53년)*의 장도에 올라 데살로니가 교회를 개척한 바 있습니다. 그러나 바울 일행은 데살로니가에만 머물러 있을 수 없었습니다. 그들은 다시 고린도로 왔습니다. 그리고 주후 54년경에는 고린도에서 복음을 전하고 교회를 개척하면서 그들이 얼마 전에 지나온 데살로니가 성도들에게 고린도에서도 효율적인 선교 사역을 위해 기도를 부탁합니다. 여기, 바울이 적은 사역자를 위한 기도의 제목이 있습니다.

주의 말씀이 퍼져나가도록

끝으로 형제들아 너희는 우리를 위하여 기도하기를 주의 말씀이 너희 가운데서와 같이 퍼져나가 영광스럽게 되고 *살후 3:1*

바울은 데살로니가에서 사역할 때 말씀이 신속하게 퍼져나간 것처럼 고린도에서도 우리를 통해 말씀이 퍼져나갈 수 있도록 기도해주길 요청합니다. 개역한글 번역에는 "주의 말씀이 너희 가운데서와 같이 달음질하여 영광스럽게 되고"라고 했습니다. 원문에 사용된 '트레코'(trecho)라는 단어는 '달린다'라는 의미입니다. 생명을 살리는 복음이 신속하게 빨리 달려 더 많은 사람들, 더 많은 지역에 전해지기를 소원한 것입니다. 복음은 걸어서 전해지기에는 너무 절박한 것입니다.

바울이 이 편지를 기록한 고린도에는 오늘날의 올림픽과 비숫한 이스미안 게임(Isthmian Games)이 2년마다 벌어지고 있었습니다. 이 게임의 하이라이트는 마라톤 주자가 성화를 들고 마지막 골인 지점으로 달려가는 것입니다. 바울은 마라톤 주자가 골인 지점을 주시하는 그 절박한 마음을 가지고 데살로니가에서 복음을 전한 것입니다.

바울은 데살로니가에 그렇게 오래 머물지 않은 것 같습니다. 학자들은 그 기간이 1개월에서 6개월 미만일 것으로 추정합니다. 그럼에도 불구하고 바울이 전한 복음의 영향력은 놀랄만한 것이었습니다. 우리는 이것을 "주의 말씀이 너희에게로부터 마게도냐와 아가야에만 들릴 뿐 아니라 하나님을 향하는 너희 믿음의 소문이 각처에 퍼졌으므로 우리는 아무 말도 할 것이 없노라"(살전 1:8)에서 발견하게 됩니다. 복음이 지닌 생명력은 강력한 전염성을 갖습니다.

사도행전 24장에 보면 대제사장이 유대 벨릭스 총독 앞에 바울을 끌고 와 더둘로라는 변호사를 고용하여 바울의 죄목을 고발하는 장면이 나옵니다.

"우리가 보니 이 사람은 전염병 같은 자라 천하에 흩어진 유대인을 다 소요하게 하는 자요 나사렛 이단의 우두머리라"(행 24:5).

그들은 바울을 보고 '전염병 같은 자'라고 했습니다. 그가 전하는 복음의 전염성을 빙자한 말입니다. 이것을 현대적인 말로 바꾸면 '임팩트'(Impact), 즉 '충격' 혹은 '영향력'이 될 것입니다. 바울은 복음의 임팩트가 사역자들을 통해 신속하고 효율적으로 나타나도록 기도해 달라고 부탁하고 있습니다. 바울은 그런 임팩트를 이미 데살로니가에서 경험했습니다.

"이는 우리 복음이 너희에게 말로만 이른 것이 아니라, 또한 능력과 성령과 큰 확신으로 된 것임이라"(살전 1:5).

이런 임팩트는 인간의 힘이 아니라 성령의 능력입니다. 학자들 중에는 사도 바울이 데살로니가에 머문 기간을 한 달 이내의 단기간으로 보는 사람들이 적지 않습니다. 그럼에도 불구하고 적지 않은 영향력을 행사하는 한 교회가 탄생할 수 있었습니다. 우리의 사역에서는 시간의 길이가 아니라 사역의 임팩트가 중요한 것입니다. 주의 말씀의 임팩트를 나타내는 기회를 얻을 수 있도록 기도하십시오. 그리고 말씀 사역에 헌신하는 복음의 일꾼들을 위해 기도할 때도 말씀의 임팩트가 함께하는 사역이 되도록 기도하십시오. 주의 말씀이 신속하게 퍼져나가도록 기도하십시오.

악한 자에게서 지켜주시도록

말씀이 전해지는 것을 가장 싫어하는 존재가 있습니다. 그는 악한 자, 곧 악마입니다. 그는 악한 사람들을 동원하여 수단과 방법을 가리지 않고 복음의 역사를 방해합니다. 그래서 바울은 "마귀의 간계를 능히 대적하라"(엡 6:11)라고 말합니다. '간계'(methodoia)란 말은 가능한 모든 수단과 방법을 뜻합니다. 악마는 모든 악한 수단과 방법을 동원하여 악한 자들을 충동하여 복음의 전진을 가로막고자 합니다. 그래서 바울은 이렇게 기도를 부탁합니다.

또한 우리를 부당하고 악한 사람들에게서 건지시옵소서 … 주는 미쁘사 너희를 굳건하게 하시고 악한 자에게서 지키시리라

살후 3:2-3

복음 전도의 마당에 예외 없이 등장하는 악한 사람들이 있습니다. 그들 때문에 너무 흔들리지 마십시오. 그들을 너무 미워하지 마십시오. 그들은 도구에 불과합니다. 그들의 배후에서 악한 자가 조종하고 있다는 것을 잊지 마시고 신실하신 주님의 굳게 하심을 믿으십시오. 그리고 이런 악한 자에게서 건져주시

길, 지켜주시길 기도하십시오.

주님도 일찍 우리에게 기도를 가르치시며 "다만 악에서 구하옵소서"라고 말씀하셨습니다. 여기서도 '악'은 본래 '악한 자'를 뜻합니다. 악마가 존재하기에 우리는 그를 경계하며 사역할 줄 알아야 합니다. 악마는 끊임없이 자신의 먹이를 찾습니다. 그래서 사도 베드로도 "근신하라 깨어라 너희 대적 마귀가 우는 사자같이 두루 다니며 삼킬 자를 찾나니"*(벧전 5:8)*라고 경고합니다.

'천로역정 순례길'을 걷다 보면 이 길을 역주행하는 순례자들을 만나게 됩니다. 그들의 이름은 겁쟁이와 불신입니다. 그들 앞에 사자가 버티고 있었기 때문입니다. 마귀가 우는 사자같이 삼킬 자를 기다리고 있었습니다. 그래서 생긴 크리스천 유머도 있지 않습니까?

아프리카에서 정글을 헤치고 선교의 길을 가던 선교사 앞에 사자가 나타났습니다. 겁이 난 선교사가 얼결에 이렇게 기도했다고 합니다.

"하나님, 저 사자를 크리스천이 되게 하옵소서."

그러자 사자가 두 발을 모으고 기도를 하더랍니다. 기적이 일어난 것이지요. 그런데 다음 순간 사자의 기도 소리가 들립니다.

"오 하나님, 오늘 제게 일용할 양식을 주심에 감사합니다."

유머이지만 악한 사탄의 사역을 대비하라는 풍자적 레슨이 기도 합니다. 우리는 사역자를 위해 기도할 때 악한 자에게서 지켜주시길 가장 중점적으로 기도해야 합니다.

사랑과 인내로 채워질 수 있도록

평생을 신실하게 복음 증거에 헌신한 사역자들에게 그들의 사역의 열매를 위해 가장 필요하고 중요한 덕목이 무엇이었느냐고 묻는다면, 아마도 그들은 두 가지 덕목을 제시할 것입니다. 그것은 '사랑'과 '인내'입니다. 사랑하지 않는다면 사역할 수 없고, 인내하지 않는다면 사역할 수 없습니다. 우리가 진정한 사역의 열매를 기대한다면 사랑과 인내, 이 두 가지는 포기할 수 없는 기도의 제목들입니다.

주께서 너희 마음을 인도하여 하나님의 사랑과 그리스도의 인내에 들어가게 하시기를 원하노라 _살후 3:5_

그렇습니다. 하나님의 사랑과 그리스도의 인내, 이 두 가지는 모든 사역자들에게 요청되는 가장 중요한 덕목들입니다. 사역이 무엇입니까? 하나님의 사랑을 먼저 경험한 사람들이 그 사랑을 나누는 일이 아닙니까? 그러면 그 사역이 열매를 맺기 위해서는 무엇보다 그리스도의 인내가 필요하지 않겠습니까? 우리는 모든 복음 사역자들에게 십자가도 참으신 예수 그리스도의 인내, 그 인내가 함께하도록 기도해야 합니다.

"믿음의 주요 또 온전하게 하시는 이인 예수를 바라보자 그는 그 앞에 있는 기쁨을 위하여 십자가를 참으사 부끄러움을 개의치 아니하시더니 하나님 보좌 우편에 앉으셨느니라 너희가 피곤하여 낙심하지 않기 위하여 죄인들이 이같이 자기에게 거역한 일을 참으신 이를 생각하라"*(히 12:2-3)*.

한국 그리스도인들에게 진정한 사역은 사랑하는 것, 인내하는 것, 십자가를 지기까지 참는 것이라고 가르쳐주신 대표적 사역자가 있다면 고*(故)* 손양원 목사님일 것입니다. 목사님이 두 아들을 죽인 공산당 청년 안재선을 용서하고, 그를 자신의 아들로 삼고자 했습니다. 그때 손 목사님의 딸 동희가 그것만은 안 된다며 울부짖었다고 합니다. 그때 손 목사님이 하신 말씀이 "동희야, 성경을 자세히 보아라. 성경은 원수를 사랑하라 했다. 용서만 가지고는 안 된다. 그를 살리고 지옥 갈 그를 구원한다면 그것이 진정한 사랑이 아니겠느냐?"라는 것이었습니다.

그렇게 자기 두 아들을 죽인 청년을 아들로 삼은 손 목사님은 아무런 일이 없었다는 듯 한센병 환자촌인 '애양원'의 목자로 자신의 소명을 지속적으로 이어가셨습니다. 그때 한 통의 전화가 왔습니다. 백범 김구 선생의 전화였습니다.

"목사님, 서울로 오셔서 학교를 맡아주셔야 하겠습니다. 목사님 같은 교육자가 이 땅에 필요합니다."

그 무렵 김구 선생은 〈서울신문〉에 한 칼럼을 썼습니다.

"공산당을 진정으로 이긴 사람은 손양원 목사다. 이 땅의 정치가들이 손 목사와 같은 포용성, 그 사랑을 실천할 수 있다면 남북통일도 실현할 수 있을 것이다."

그러나 손 목사님은 이런 백범의 요청을 사양하고 살 썩는 냄새와 피 냄새가 진동하는 그곳, 사람들이 지옥이라 부르는 나환자촌에서 나환자들과 함께함이 자신의 소명이라고 말씀하셨습니다. 그렇게 입으로 그들의 피고름을 빨며 밤낮으로 그들을 붙들고 기도하는 사역을 자신 또한 공산당의 총에 순교할 때까지 이어가셨습니다.

당시 손 목사님의 심경을 짐작하게 하는 글 중 한 편을 인용해보겠습니다.

꽃피는 봄날에만 주의 사랑 있음인가
땀을 쏟는 염천에도 주의 사랑 여전하며
열매 맺는 가을에만 주의 사랑 있음인가
추운 겨울 주릴 때도 주의 위로 더할 것은

솔로몬의 부귀보다 욥의 고난 더 귀하고
솔로몬의 지혜보다 욥의 인내 아름답다
이 세상의 부귀영화 유혹의 손길 되나
고생 중에 인내함은 최후 승리 이룩하네

손 목사님의 위대한 사역의 비밀은 사랑과 인내였습니다.

지금도 복음을 위해 시간과 몸을 드리는 사역자들을 위해
기도하십니까? 그 무엇보다 그들에게 하나님의 사랑과 그리스
도의 인내로 채워지도록 기도합시다.

● 결단의 기도

1. 주의 사역자들을 통해 말씀이 신속하게 퍼져나가도록 기도합시다.

2. 주의 사역자들이 악한 자에게서 지켜지기를 위해 기도합시다.

3. 주의 사역자들을 사랑과 인내로 채워주시길 기도합시다.

07

가족과 민족을 위한 기도

> 내가 그리스도 안에서 참말을 하고 거짓말을 아니하노라 나에게 큰 근심이 있는 것과 마음에 그치지 않는 고통이 있는 것을 내 양심이 성령 안에서 나와 더불어 증언하노니 나의 형제 곧 골육의 친척을 위하여 내 자신이 저주를 받아 그리스도에게서 끊어질지라도 원하는 바로라 그들은 이스라엘 사람이라 그들에게는 양자 됨과 영광과 언약들과 율법을 세우신 것과 예배와 약속들이 있고 조상들도 그들의 것이요 육신으로 하면 그리스도가 그들에게서 나셨으니 그는 만물 위에 계셔서 세세에 찬양을 받으실 하나님이시니라 아멘 _로마서 9:1-5_

인류 문화의 발달사를 보면 씨족 사회에서 부족 사회로, 그리고 오늘의 국가 사회로 발전해온 것을 알 수 있습니다. 씨족 사회는 철저하게 혈연을 바탕으로 같은 조상을 공유하는 가족

집단이었는데, 점차 다른 씨족과의 족외혼을 통해 부족 사회로 발전합니다.

초기 부족들은 씨족들의 느슨한 연합체 형태를 갖고 있었던 것으로 보입니다. 그러다가 다시 공통의 문화, 언어, 종교와 가치관을 근거로 몇 개의 부족들이 연합해 공통 지역을 근간으로 해 부족들의 이익을 지키기 위한 민족과 국가로 형성되어온 것입니다.

우리 민족을 가리켜 '배달(밝은 땅)의 민족'이란 표현을 사용하지만, 이 표현은 역사적인 근거가 없다고 간주됩니다. 우리가 한 민족임을 강조하는 것이 나쁘다고 할 수는 없지만, 다른 민족을 배타적으로 대하는 국수적 민족주의(nationalism)는 민족과 민족 간의 불필요한 경쟁과 전쟁을 유발하는 어두운 요소가 되기도 합니다. 그래서 기독교 선교학에서도 하나님 나라 선교의 가장 큰 장애물을 '자민족 중심주의'(ethno-centrism)라고 봅니다.

성경의 민족인 이스라엘도 본래 '아브라함'이란 한 가족에서부터 시작됩니다. 사도 바울도 좁은 의미에서의 자기 민족을 '나의 형제, 골육, 친척'이라고 말합니다(롬 9:3). 그러나 그들은 씨족의 범주를 넘어 동일한 조상들, 동일한 가치관, 동일한 문화와 종교를 지닌 한 민족, 이스라엘이 되었습니다.

그들은 이스라엘 사람이라 그들에게는 양자 됨과 영광과 언약들과 율법을 세우신 것과 예배와 약속들이 있고 조상들도 그들의 것이요 육신으로 하면 그리스도가 그들에게서 나셨으니 그는 만물 위에 계셔서 세세에 찬양을 받으실 하나님이시니라 _롬 9:4-5_

사도 바울은 이스라엘 민족의 동질성을 구성하는 가장 중요한 핵심 가치로 하나님의 양자 됨_(자녀 됨)_, 하나님의 언약과 율법, 하나님에 대한 예배, 그리고 하나님 약속의 중심이신 그리스도를 말합니다. 그러면서 자기 가족과 민족이 하나님의 영광을 드러내고 하나님의 찬양이 되기 위해서는 추가적 요소_(+a)_가 필요하다고 했습니다. 이는 지금 우리가 속한 가족과 민족에게도 동일하게 적용되어야 할 것들입니다.

우리 가족, 우리 민족이 건강한 집단이 되어 하나님의 영광과 찬양으로 이 땅에 존재하고 기능하기 위해서 기도해야 할 것은 무엇일까요?

구원을 위한 기도가 필요하다

내가 그리스도 안에서 참말을 하고 거짓말을 아니하노라 나에게 큰 근심이 있는 것과 마음에 그치지 않는 고통이 있는 것을 내

양심이 성령 안에서 나와 더불어 증언하노니 나의 형제 곧 골육의 친척을 위하여 내 자신이 저주를 받아 그리스도에게서 끊어질지라도 원하는 바로라 _롬 9:1-3_

도대체 사도 바울의 마음속에 있었던 '큰 근심', '그치지 않는 고통'의 정체는 무엇일까요? 그가 자신의 형제, 골육, 친척에게서 일어나기를 간절히 바랐던 일이 무엇입니까? 우리는 로마서의 다음 장에서 그 대답을 발견합니다.

"형제들아 내 마음에 원하는 바와 하나님께 구하는 바는 이스라엘을 위함이니 곧 그들로 구원을 받게 함이라"_(롬 10:1)_.

그렇습니다. 바울에게 있어서 가장 큰 기도의 제목은 자기 가족과 민족이 구원을 얻는 일이었습니다. 우리는 우리가 사랑한 사람들의 구원을 위해 정말 근심하며 눈물로 기도하고 있습니까?

《천로역정》 1편에 보면 크리스천이 자신의 죄 문제를 해결하고 구원받기 위해 순례의 길을 떠나야 한다고 가족에게 말하지만, 그들은 전혀 이해하지 못합니다. 오히려 그를 비웃고 야단치고 무시했습니다. 크리스천은 가족을 불쌍히 여겼지만 기도 외에는 할 수 있는 것이 없었고, 마침내 그들을 하나님께 부탁드리며 홀로 순례의 길을 떠날 수밖에 없었습니다.

그런데 《천로역정》 2편에 보면 부인 크리스티아나와 네 아들이 남편과 아버지가 걸었던 그 순례의 길을 따라 나서게 됩니다. 남은 가족이 그 길을 가게 된 연유를 크리스티아나는 이렇게 말합니다.

"우리 주님이 남편의 눈물을 병에 모아 두셨기 때문에 그 눈물의 유익과 열매를 거두는 것이다."

그리고 시편의 말씀을 함께 나눕니다.

"눈물을 흘리며 씨를 뿌리는 자는 기쁨으로 거두리로다 울며 씨를 뿌리러 나가는 자는 반드시 기쁨으로 그 곡식 단을 가지고 돌아오리로다"*(시 126:5-6)*.

바울의 큰 근심, 그치지 않는 고통, 그 눈물의 정체는 주께서 자신의 가족과 민족을 구원하고자 그리스도를 민족 가운데 보내셨건만 그분을 영접치 않고 있다는 사실 때문이었습니다.

우리가 기도함에도 불구하고 아직까지 우리 가족과 민족 중 구원받지 못한 이들이 있는 이유가 무엇일까요? 우리가 이 질문을 《천로역정》의 저자인 존 번연에게 했다면 그는 아마도 '주의 병에 우리의 눈물이 다 차지 못했기 때문'이라고 말할 것입니다.

그렇다면 이제라도 기도해야 합니다. "나의 눈물을 주의 병에 담으소서"*(시 56:8)*, "우리 가족들이 이 큰 구원을 등한히 여기지 않게 하소서"라고 말입니다.

"우리가 이같이 큰 구원을 등한히 여기면 어찌 그 보응을 피하리요 이 구원은 처음에 주로 말씀하신 바요 들은 자들이 우리에게 확증한 바니"(히 2:3).

유진 피터슨은《메시지》에서 이 대목을 이렇게 번역합니다.

"우리가 받은 이 장엄한 구원의 메시지를 어떻게 소홀히 할 수 있겠습니까? 이 구원의 메시지는 가장 먼저 주님이 직접 전해주셨고 그 다음은 주께 들은 자들이 우리에게 정확히 전해주셨습니다."

구원은 그냥 구원이 아닙니다. '큰 구원', '위대한 구원', 유진 피터슨에 의하면 '장엄한 구원'입니다. 구원받지 못하면 멸망입니다. 구원받지 못하면 그 인생은 하나님의 진노, 아니 지옥으로 향하게 됩니다. 우리의 사랑하는 이들이 아직도 구원받지 못했는데 아무렇지도 않다면, 그 사람은 구원의 가치를 알지 못하거나 화인 맞은 양심을 지닌 사람일 것입니다.

우리를 구원하시고자 그리스도는 십자가에서 목숨을 버리셨는데, 거룩한 피를 흘려주셨는데 어째서 그들에게 복음을 전하지 않습니까? 어째서 그들을 위해 기도하지 않습니까? 우리가 자녀들에게 줄 수 있는 선물, 구원보다 더 위대한 선물이 무엇이란 말입니까?

그래서 바울은 큰 근심으로 고통하면서 기도합니다. 가족의 구원, 민족의 구원을 위해서 말입니다. 성경의 가장 위대한 약속은 이것이 아닐까요?

"주 예수를 믿으라 그리하면 너와 네 집이 구원을 받으리라"(행 16:31).

축복의 통로가 되기 위한 기도가 필요하다

바울의 기도는 거기에서 멈추지 않습니다. 즉 이스라엘이 구원받고 그것을 누리는 것만 아니라, 그들을 통해 구원의 복음이 이방인에게까지 전해지는 것을 보고 싶어 했습니다. 바울은 그리스도를 그들 중에 보내신 이유를 이렇게 말합니다.

조상들도 그들의 것이요 육신으로 하면 그리스도가 그들에게서 나셨으니 그는 만물 위에 계셔서 세세에 찬양을 받으실 하나님이시니라 롬 9:5

그는 마침내 온 만물 중에서 이스라엘로 말미암아 그리스도와 하나님을 높이고 찬양하게 될 것을 기대했습니다. 그는 또한 이렇게 고백합니다.

"성경에 이르되 누구든지 그를 믿는 자는 부끄러움을 당하지 아니하리라 하니 유대인이나 헬라인이나 차별이 없음이라 한 분이신 주께서 모든 사람의 주가 되사 그를 부르는 모든 사람에게 부요하시도다"(롬 10:11-12).

여기서 '부요'(richly bless)라는 단어를 주목해보십시오. 모든 사람이 하나님의 부요를 누리는 것, 이것이 하나님의 기대입니다. 그렇게 되기 위해 이스라엘이 해야 할 일이 무엇이었습니까?

"그런즉 그들이 믿지 아니하는 이를 어찌 부르리요 듣지도 못한 이를 어찌 믿으리요 전파하는 자가 없이 어찌 들으리요 보내심을 받지 아니하였으면 어찌 전파하리요 기록된 바 아름답도다 좋은 소식을 전하는 자들의 발이여 함과 같으니라"(롬 10:14-15).

그런데 이스라엘은 이 사명에 순종하지 않았습니다. 복음을 전하는 일을 거부했습니다. 달리 말하면 축복의 통로가 되는 일을 거부한 것입니다. 그것이 그들을 불러 선민이 되게 하신 이유임에도 말입니다. 하나님께서 갈대아 우르에 있던 아브라함을 부르며 기대하셨던 소명이 무엇이었습니까?

"내가 너로 큰 민족을 이루고 네게 복을 주어 네 이름을 창대하게 하리니 너는 복이 될지라"(창 12:2).

복이 되어 주는 가족, 복이 되어 주는 위대한 민족이 되는 일이었습니다. 쉽게 말하면 축복의 통로가 되는 삶을 사는 것이었습니다. 그것이 지금도 변함없는 하나님 백성의 존재 이유입니다. 나만 잘 먹고 잘 살고 복 받는 것이 아니라, 나 때문에 다른 이들이 복을 받는 사람이 되는 것, 우리 가정 때문에 다른 가정이 복을 누리게 되는 것, 우리 민족 때문에 다른 민족이 복을 누리게 되는 것입니다.

요즘 우리는 소위 우리 사회의 지도층, 특권층으로 사는 이들의 갑질 현장을 가슴 아프게 지켜보고 있습니다. 이들의 부모가 특권을 물려받게 된 자녀들에게 가르쳤어야 할 교훈이 무엇이었을까요? 그들이 그 자리에 있게 된 이유가 '을'의 자리에 있는 이웃들을 섬기고 그들을 복되게 하는 것임을, 그것이 그들의 존재 이유이고 삶의 이유가 되어야 한다고 가르쳤다면 얼마나 좋았을까요? 너무나 안타까운 일입니다.

로마의 철학자 세네카는 로마가 미래를 갖기 위해서는 모두가 다시 가정으로 돌아가 거기서부터 섬기는 삶과 나눔의 삶을 배워야 한다고 외쳤습니다.

"로마의 애국자들이여, 가정으로 돌아가십시오. 거기서 자신이 아닌 타인을 위해 사는 것을 배우십시오."

수년 전 미국에서 보도된 한 정치인의 뉴스가 전 세계인의 관심을 끌었습니다. 지난 20년간 공화당 10선 의원을 역임하고 45세에 하원 의장이 된 과거 케네디 대통령의 인기에 버금가는 차기 대선 후보 폴 라이언이 돌연하게 의원직 은퇴를 선언한 것입니다. 그런데 그 이유가 중요합니다. 주말 아빠에서 풀 타임 아빠가 되고자 한다는 것입니다.

그가 정계에 입문한 후 태어난 그의 자녀들이 각각 16세, 14세, 13세가 되었는데 그들과 휴가를 함께 지내면서 기도하며 그런 결정을 내렸다고 합니다. 그는 자신이 16세에 알코올 중독자인 아버지를 떠나보낸 후 사회보장 연금으로 생존했고, 맥도날드 매장에서 아르바이트를 하며 어렵게 십대 시절을 지냈다고 했습니다. 그러면서 그때 자신에게 필요했던 것은 딱 하나, '아버지'였음을 회고했다고 합니다.

그는 국회의원으로 재직 중에도 주말이면 고향에 내려가 부인과 아이들과 함께했지만 여전히 자신은 파트 타임 남편, 파트 타임 아버지였다고, 후회 없는 축복을 다음 세대에 남기기 위해 그런 결정을 내리게 되었다고 했습니다.

같은 시기에 또 하나의 뉴스가 우리의 시선을 끌었습니다. 리투아니아 프로농구 팀 감독의 인터뷰였습니다. 그 팀의 주축 선수인 아우구스토 리마라는 선수가 아내의 출산 때문에 결장함으로 중요한 경기에서 팀이 패배했는데, 한 기자가 감독에게 그의 결정을 어떻게 생각하는지 한 기자가 물은 것입니다.

감독은 황당한 표정을 지니며 "내가 다녀오라고 했습니다"라고 대답했다고 합니다. "중요한 시리즈가 진행 중인데 선수가 팀을 떠나는 것이 옳은 일인가요?"라고 되묻는 기자에게 감독은 "농구 게임하고 한 생명의 탄생 중 어느 것이 더 중요한가요?"라고 반문했다고 합니다. 더해서 그는 "인생을 살면서 아이의 탄생만큼 경이로운 일은 없습니다"라고 말했다고 합니다.

감독의 배려로 리마 선수는 아내 곁에서 태어나는 자신의 소중한 아기를 품에 안았고, 돌아온 선수의 눈부신 활약으로 이 팀은 마침내 우승을 차지하게 되었다고 합니다. 감독의 마지막 말이 더 중요합니다.

"나는 내 팀이 우승하지 못했어도 그 결정을 후회하지 않았을 겁니다."

후회 없는 인생의 조건은 축복의 통로가 되는 인생을 사는 것입니다. 누군가의 복이 되어주는 인생을 사는 것이 우리를 하나님의 자녀로 부르신 이유라면, 오늘 그 소명을 다하고 있는지 점검해 보아야 할 것입니다.

1. 가족이나 이웃 중에 아직 구원받지 못한 이들을 위해 기도합시다.

2. 우리 민족이 모두 복음을 듣고 주께 돌아오는 민족 복음화의 기회를 갖게 되도록 기도합시다.

3. 우리 민족을 통해 복음이 열방 가운데 전해짐으로 우리 민족이 축복의 통로가 되도록 기도합시다.

08

담대한 선교를 위한 기도

> 모든 기도와 간구를 하되 항상 성령 안에서 기도하고 이를 위하여 깨어 구하기를 항상 힘쓰며 여러 성도를 위하여 구하라 또 나를 위하여 구할 것은 내게 말씀을 주사 나로 입을 열어 복음의 비밀을 담대히 알리게 하옵소서 할 것이니 이 일을 위하여 내가 쇠사슬에 매인 사신이 된 것은 나로 이 일에 당연히 할 말을 담대히 하게 하려 하심이라 *에베소서 6:18-20*

에베소서 6장 18-20절에는 '담대한'이란 단어가 두 번이나 언급됩니다. 희랍어로 '파레시아'*(parrhesia)*라는 단어인데, 영어로는 주로 'boldly'*(fearlessly)*라고 번역됩니다. 이 단어는 우리 앞의 환경이나 상대를 두려워하지 않고 복음을 증언하고자 할 때 사용됩니다.

우리가 살고 있는 이 시대에서는 복음 증거의 기회가 점점 더 제한되고 위협받는 상황들이 연출되고 있습니다. 얼마 전 저는 중앙아시아 선교지의 한 대학에서 학생들에게 리더십에 대해 강연할 기회를 가졌습니다. 그런데 강연 시 조건이 '하나님'이나 '예수님' 혹은 종교적인 말을 하지 않아야 한다는 것이었습니다.

오늘날 전 세계는 과학 기술이나 경영 기술, 스포츠, 문화, 직업 교육, 의료로 도움을 받는 일에 열려 있습니다. 그러나 복음에 관해서는 더욱 비관용적이고 폐쇄적인 사회가 되어 가고 있습니다. 이런 세상에서 과연 담대한 선교는 가능한 것일까요?

바울이 살고 있던 시대도 우리 못지않게 복음에 대해 닫힌 세상이었고, 로마의 황제 숭배가 강요되던 시대였습니다. 그럼에도 바울은 에베소 교회의 성도들에게 이런 기도를 부탁합니다.

또 나를 위하여 구할 것은 내게 말씀을 주사 나로 입을 열어 복음의 비밀을 담대히 알리게 하옵소서 할 것이니 이 일을 위하여 내가 쇠사슬에 매인 사신이 된 것은 나로 이 일에 당연히 할 말을 담대히 하게 하려 하심이라 엡 6:19-20

그는 자신이 담대한 복음의 증언자가 될 수 있도록 기도해 주길 부탁합니다. 그리고 감옥의 고난 중에서도 더욱 담대하게 복음을 증언하게 해 달라고 기도를 부탁합니다. 이 말은 스스로 고난을 자초하라는 의미가 아닙니다. 예수님은 제자들을 전도하러 보내시며 "보라 내가 너희를 보냄이 양을 이리 가운데로 보냄과 같도다 그러므로 너희는 뱀같이 지혜롭고 비둘기같이 순결하라"*(마 10:16)*라고 말씀하셨습니다.

이 시대의 선교 과제는 어떻게 하면 담대하면서도 지혜롭게 선교할 수 있느냐 하는 것입니다. 지혜롭고 담대한 선교, 어떻게 가능할까요?

하나님의 전신갑주를 입으라

먼저 하나님의 전신갑주로 무장해야 합니다. 이것이 오늘 본문에 앞서 주어진 교훈입니다. 사도 바울은 복음의 원수인 마귀와 그의 부리는 악한 영들이 우리에게 불화살을 쏘고 있다고 말합니다. 이 영적 싸움에서 어떻게 우리를 지켜내고 승리할 수 있습니까? 먼저 마귀에게 틈을 보이지 말아야 합니다*(엡 4:27)*. 그렇게 하려면 전신 무장이 꼭 필요합니다. 바울의 호소를 들어보십시오.

마귀의 간계를 능히 대적하기 위하여 하나님의 전신갑주를 입으라 _엡 6:11_

그 다음에는 전신갑주가 설명되고 있습니다. 머리에는 구원의 투구를 쓰고, 가슴에는 의의 흉배(호심경)를 붙이고, 허리에는 진리의 허리띠를 띠고, 발에는 평화의 복음의 신을 신고, 한 손에는 믿음의 방패를 들고, 또 한 손에는 성령의 검 곧 말씀의 검을 들라고 했습니다. 그런데 등에는 아무런 무장이 없습니다. 그러니 적에게 등을 보이지 말고 앞으로만 전진하십시오. "뒤돌아서지 않겠네" 선포하며 앞으로 나가십시오.

가평에 있는 필그림 하우스의 '천로역정 순례길'에 가면 크리스천이 들어가는 '아름다운 집'이 있습니다. 이 집은 교회를 상징합니다. 여기서 쉼을 얻고 평안을 회복합니다. 그리고 영적 독서를 하며 영적 지식을 얻습니다. 제일 중요한 것은 이 집을 떠나기 전에 무장을 해야 한다는 것입니다.

이 집을 나가면 '겸손의 계곡'(Valley of Humiliation)에서 사탄과의 전투가 기다리고 있습니다. 무장하지 않은 크리스천은 이 골짜기에서 승리할 수 없었습니다. 하나님의 전신갑주로 무장하지 않고는 담대한 전진도, 담대한 선교도 불가능합니다.

기도로 사탄을 대적하라

또한 우리는 가능한 모든 기도로 사탄을 대적해야 합니다.

모든 기도와 간구를 하되 항상 성령 안에서 기도하고 이를 위하여 깨어 구하기를 항상 힘쓰며 여러 성도를 위하여 구하라

_엡 6:18_

이 구절에는 'all'이란 단어가 네 번 이상 등장합니다. 'all' occasions, 'all' kinds of prayers, always('all' the time), 'all' the saints. 한국어로 하자면 '모든' 기도, '모든' 간구, 항상('모든' 때), '모든' 성도를 위해 구하라는 것입니다. 기도는 하나님의 말씀과 함께 적을 향한 우리의 공격 무기입니다. 농구 경기에서 전세가 불리해진 팀의 코치들이 경기 종료가 가까워질 때 구사하는 공격 전략이 있습니다. 바로 '올 코트 프레싱'(All court pressing, 전방위 압박)입니다. 우리는 가능한 모든 기도를 총동원하여 중보기도하고 적에 맞서야 합니다.

우리 시대에 우리가 사용할 수 있는 최후의 선교 전략은 '기도'입니다. 마귀는 성공적인 선교를 위한 우리의 탁상공론을 두려워하지 않습니다. 마귀는 우리의 선교 이벤트를 두려워하

지도 않습니다. 우리의 선교비 모금 활동도 두려워하지 않습니다. 마귀는 우리가 기도하기 시작하면, 특히 중보기도를 시작하면 두려워합니다.

지구촌교회는 창립 초기부터 선교를 강조하면서 중보기도 운동을 함께 시작했습니다. 그동안 '중보기도 세미나'를 수료한 사람은 모두 10,000여 명, 수료한 교회는 2,000 교회가 넘습니다. 저는 우리가 중보기도 사역으로 한국 교회를 섬길 수 있었음을 무엇보다 감사하게 생각합니다. 부족하지만 이 사역이 우리 교회와 한국 교회의 선교 전선을 지키는 일에 일조했다고 믿습니다. 담대한 선교는 기도의 무릎에서 시작됩니다.

어떤 상황에서도 복음을 선포하라

우리는 어떤 상황에 처하든지 복음을 선포해야 합니다. 이것이 바로 '담대한 선교'(Bold Mission)입니다. 바울의 중보기도 제목을 다시 들어보십시오.

또 나를 위하여 구할 것은 내게 말씀을 주사 나로 입을 열어 복음의 비밀을 담대히 알리게 하옵소서 할 것이니 이 일을 위하여 내가 쇠사슬에 매인 사신이 된 것은 나로 이 일에 당연히 할 말을

담대히 하게 하려 하심이라 엡 6:19-20

그는 지금 로마의 감옥에 갇혀 쇠사슬에 매여 있습니다. 그런데 그는 쇠사슬에 매인 것까지도 복음의 담대한 증언을 위한 것이라고 말합니다. 실제로 우리는 감옥에 갇힌 바울을 통해 그를 가두고 감시하던 시위대에게 복음이 전해진 보고를 듣습니다.

"이러므로 나의 매임이 그리스도 안에서 모든 시위대 안과 그 밖의 모든 사람에게 나타났으니"(빌 1:13).

심지어 가이사의 황실 사람들이 이 특별한 죄수인 바울을 만나러 왔다가 그를 통해 그리스도인이 된 증거들을 보게 됩니다.

"모든 성도들이 너희에게 문안하되 특히 가이사의 집 사람들 중 몇이니라"(빌 4:22).

가이사 집 사람들이 바울과 함께 문안에 참여하고 있습니다. 로마의 감옥과 쇠사슬도 복음을 가둘 수는 없었습니다. 마침내 로마는 복음화 됩니다.

그러므로 오늘날에도 복음의 종들이 복음 선포를 포기할 수 없는 사명으로 확신하고 나아간다면, 어떤 상황도 복음을 제한할 수 없습니다. 때로 선교지의 법이 우리의 선교를 제한하고

자 할지 모릅니다. 때로 선교지의 공권력이 우리의 선교를 제한하고자 할지 모릅니다. 때로 선교지의 국가 종교가 우리의 선교를 제한할지 모릅니다. 때로 선교지의 문화가 우리의 선교를 제한할지 모릅니다. 그러나 아무도 우리의 기도를 제한하지는 못합니다. 할렐루야!

바울은 우리가 선교할만한 상황에서만 전도하라고 말하지 않습니다. "너는 말씀을 전파하라 때를 얻든지 못 얻든지 항상 힘쓰라"(딤후 4:2)라고 하지 않습니까? 그렇습니다. 어떤 상황에서도 복음은 선포되고 증거되어야 한다고 믿는 사람들이 존재하는 한, 세상은 마침내 복음화 되고야 말 것입니다. 이것이 우리가 담대한 선교를 위해 기도하고 중보해야 할 이유입니다. 우리 모두 다시 한 번 선교의 명령 앞에 담대하게 서십시다.

● 결단의 기도

1. 한국 교회가 다시 하나님의 전신갑주로 무장하게 되기를 기도합시다.
2. 가능한 모든 기도로 사탄을 대적하도록 기도합시다.
3. 우리와 선교 일꾼들이 어떤 상황에서도 담대하게 복음을 전하도록 기도합시다.

Part 3

자신의
성숙을 위해
기도하라

09

큰 환난 중에서의 기도

찬송하리로다 그는 우리 주 예수 그리스도의 하나님이시요 자비의 아버지시요 모든 위로의 하나님이시며 우리의 모든 환난 중에서 우리를 위로하사 우리로 하여금 하나님께 받는 위로로써 모든 환난 중에 있는 자들을 능히 위로하게 하시는 이시로다 그리스도의 고난이 우리에게 넘친 것같이 우리가 받는 위로도 그리스도로 말미암아 넘치는도다 ... 형제들아 우리가 아시아에서 당한 환난을 너희가 모르기를 원하지 아니하노니 힘에 겹도록 심한 고난을 당하여 살 소망까지 끊어지고 우리는 우리 자신이 사형 선고를 받은 줄 알았으니 이는 우리로 자기를 의지하지 말고 오직 죽은 자를 다시 살리시는 하나님만 의지하게 하심이라 그가 이같이 큰 사망에서 우리를 건지셨고 또 건지실 것이며 이 후에도 건지시기를 그에게 바라노라 고린도후서 1:3-5, 8-10

살다 보면 어떤 사람이나 공동체나 예외 없이 고난 혹은 환난을 통과하게 됩니다. 때로는 평범한 고난, 평범한 환난이 아닌 큰 고난, 큰 환난, 큰 사망의 경험을 통과하게 됩니다.

《천로역정》에 보면 주인공 크리스천이 '겸손의 골짜기'를 지나며 아볼루온이란 파괴자와 더불어 치열한 영적 전쟁을 치르는 이야기가 나옵니다. 가까스로 자신을 지키며 이 골짜기를 벗어나는가 했지만, 또다시 크리스천은 더 큰 고난, 더 큰 환난, 더 큰 사망의 음침한 골짜기를 지나게 됩니다. 지금 우리 중에도 그런 큰 사망의 음침한 골짜기를 힘겹게 지나고 있는 이들이 있을 것입니다.

민족 공동체가 어두운 골짜기를 통과해야 하는 순간들도 있습니다. 우리 민족은 유달리 많은 고난과 시련을 겪었습니다. 조선의 선조 시절에는 임진왜란으로 일본에게 6년여 동안 전 국토가 유린되고 파괴되는 참상을 맞았습니다.

그러나 그렇게 외세에 당하고도 정신을 못 차린 우리는 다시 인조 시절 청나라의 침략을 받아 불과 3개월 만에 강화도와 남한산성이 함락되고, 삼전도에서 굴욕적인 항복을 하고 양민 60여만 명이 포로로 끌려가는 수욕을 당합니다.

그래도 조공을 바치면서라도 국가의 자주권만은 유지하던 이 민족이 아예 국가의 자주권을 상실하고 나라도, 국어도, 이름도 빼앗겨 버린 일이 일어났습니다. 1910년 경술국치로 나라를 일제에게 찬탈당한 것입니다. 이후로 우리나라에는 조선 총독부가 주둔했고, 우리는 식민지 백성이 되어 35년간 일본의 지배를 받아야 했습니다. 이 시기가 우리 민족사에서 가장 큰 환난의 때였습니다.

그런데 역사의 역설은 일제 침략의 검은 손이 이 땅에 뻗쳐 오던 바로 그 시간에 예수 그리스도의 복음이 조선 땅에 전파되고 교회가 세워지기 시작했다는 사실입니다. 예수 그리스도를 구주와 주님으로 영접한 백성은 나라를 잃는 최대의 환난을 경험하면서 기도를 시작했습니다. 이 큰 환난의 밤에 우리가 드려야 할 기도는 무엇일까요?

건지심을 구하며 하나님의 때를 기다리라

사도 바울은 주후 60년경 고린도 성도들에게 편지하며 그가 아시아에서 당한 환난에 대해 말합니다. 그것은 힘에 겹도록 심한 고난으로 살 소망까지 끊어지는 큰 사망의 경험이었습니다. 바울이 구체적인 사건을 더 진술하지 않았기 때문에 당시의 상황을 짐작하기가 쉽지 않습니다. 자신의 고난을 과장해서 동정을 유도하지 않고자 자세한 상황 묘사를 피한 것인지도 모릅니다. 분명한 것은 그가 사람의 힘으로는 감당하기 어려운 큰 환난을 만났다는 것입니다. 그는 거의 죽음을 경험했습니다. 이런 큰 환난의 밤을 통과한 바울에게서 배울 수 있는 기도는 무엇입니까?

그가 이같이 큰 사망에서 우리를 건지셨고 또 건지실 것이며 이후에도 건지시기를 그에게 바라노라 _고후 1:10_

우리는 인생을 살면서 크고 작은 사망을 연습하며 궁극적인 죽음의 자리로 나아갑니다. 모든 인생의 위기는 '사망의 그림자들'_(shadow of death, 시 23:4)_입니다. 질병을 앓게 될 때, 사고를 당할 때, 심리적인 공황 상태를 경험할 때 우리는 사망의 그림자를 느낍니다. 그러나 아직 우리가 살아 있다는 것은 우리가 이런 사망의 그림자들에서 건짐 받았음을 의미합니다. 기도할 때 그분이 우리를 건지신 것입니다.

그것은 육체적인 혹은 심리적인 구원의 작은 체험들입니다. 바울도 이런 구출의 체험, 건짐의 체험을 통해서 기도의 소중함을 경험하고 하나님의 신실하심을 더욱 굳게 신뢰하게 됩니다. 지나온 시간에 나를 이런 사망에서 건지신 하나님이 현재의 사망에서도 건지실 것이며, 미래의 사망에서도 건지실 것을 확신합니다.

비록 과거의 체험이 작은 사망에서의 건짐이었다 해도, 거기에서 하나님의 신실하심을 기도로 체험한 사람은 오늘 내 앞에 버티고 있는 사망이 아무리 큰 사망, 큰 환난이라 해도 두려워하지 않습니다.

여기서 중요한 것은 건짐의 손길이 임할 때까지 기다려야 한다는 것입니다. 일제 강점기에 우리가 독립을 위해 기도한 흔적들은 역사적 사료 속에 차고 넘칩니다. 그 시절 우리 선배들은 모일 때마다 누추한 예배당 바닥을 눈물로 적시며 민족의 해방을 위해, 독립을 위해 기도하고 또 기도했습니다. 그래도 우리에게는 35년의 시간이 필요했습니다.

국가의 운명이 기울던 석양녘, 유대 민족이 갈대아*(바빌로니아)*의 압제로부터 자유롭게 해주시길 기도하며 "언제까지니이까?"*(How long?)*라고 절규하던 하박국 선지자에게 하나님은 이렇게 응답하셨습니다.

"비록 더딜지라도 기다리라 지체되지 않고 반드시 응하리라"*(합 2:3)*.

지금 우리 민족에게 가장 절실한 기도제목이 무엇입니까?

이 땅에서 다시는 전쟁이 일어나지 않고 갈라진 남북한이 평화롭게 통일되는 것 아니겠습니까? 남한정부 수립일인 1948년부터 따지면 벌써 70년 이상 분단의 역사가 지속되고 있습니다. 답답하지만 우리는 "언제까지니이까?"라며 기도할 수밖에 없습니다. 이에 대해 하나님은 하박국 선지자에게 주셨던 말씀과 같이 응답하시지 않을까요?

"비록 더딜지라도 기다려라. 지체되지 않고 반드시 응답하리라."

하나님의 시간표와 우리의 시간표는 다를 수 있습니다. 우리 민족을 끔찍하게 사랑하며 이 땅을 위해 중보하셨던 예수원의 고(故) 대천덕 신부님은 "남북한의 통일이 언제쯤 되리라고 예상하십니까?"라는 질문에 늘 빙그레 웃으며 이렇게 대답하셨습니다.

"우리 중보기도의 잔이 차면, 그날이 통일을 행하시는 주의 큰 날이 될 것입니다."

그때까지 우리는 다윗처럼 "나의 눈물을 주의 병에 담으소서"(시 56:8)라고 기도해야 할 것입니다. 주의 병에 눈물이 차기를 기다리며 주의 건지심을 위해 기도합시다. 개인적으로 큰 환난의 밤을 지나는 분들이 있습니까? 과거에 우리를 건지신 주 하나님이 오늘도 건지실 것을 믿고 기도하십시오. 결코 기도를 쉬지 마십시오.

기도 가운데 위로의 교제를 나누라

큰 환난 중에서 우리가 해야 할 또 하나의 일은 위로의 교제를 나누는 것입니다. 그리고 그것을 위해 진정으로 기도해야 한다는 것입니다.

찬송하리로다 그는 우리 주 예수 그리스도의 하나님이시요 자비의 아버지시요 모든 위로의 하나님이시며 우리의 모든 환난 중에서 우리를 위로하사 우리로 하여금 하나님께 받는 위로로써 모든 환난 중에 있는 자들을 능히 위로하게 하시는 이시로다

고후 1:3-4

큰 환난의 밤을 통과하는 우리에게 가장 절실한 것이 무엇일까요? 하나님의 위로입니다. 사람의 위로도 도움이 되겠지만, 언제나 한계를 지닐 수밖에 없습니다. 그런데 하나님은 모든 환난 중에서 우리를 위로해주십니다. 그래서 이 위로를 경험하게 되면 기도 중에 하나님을 찬양할 수밖에 없습니다.

그분은 우리에게 주어지는 모든 상황에서 위로를 주실 수 있는 모든 자비의 하나님, 모든 위로의 하나님이십니다. 우리가 예수를 믿고 난 후, 하나님은 그분만이 아시는 어떤 이유로 그리스도인의 인생 마당에 고난을 허용하십니다. 하지만 그때에도 반드시 고난과 함께 위로를 넘치게 하겠다고 언약하셨습니다.

그리스도의 고난이 우리에게 넘친 것같이 우리가 받는 위로도 그리스도로 말미암아 넘치는도다 고후 1:5

일제 강점기에도 우리는 교회를 통해 이런 놀라운 위로를 받을 수 있었습니다. 사람들은 교회에 와서 울며 기도했고, 교회에서 독립운동의 꿈을 꾸었고, 우리의 말을 지켰습니다.

하나님의 약속은 우리가 환난 중에 위로받는 데서 그치지 않고, 이 환난을 허락하신 이유를 발견하게 됩니다. 4절 하반부의 약속을 주의 깊게 보십시오.

"우리로 하여금 하나님께 받는 위로로써 모든 환난 중에 있는 자들을 능히 위로하게 하시는 이시로다."

우리가 하나님의 위로를 체험하는 순간, 우리는 우리보다 더 큰 고난, 더 큰 환난 중에 있는 이들을 기억하고 그들을 위로하는 사역을 시작하게 됩니다. 나도 상처받았지만 나보다 더 큰 상처를 입은 자들에게 나아가 그들을 치료하는 자가 되는 것입니다. 헨리 나우웬은 이런 그리스도인들을 가리켜 '상처받은 치유자'(Wounded Healer)라고 부릅니다. 이것이 바로 위로의 교제입니다. 환난의 밤에 나눌 수 있는 위로의 교제, 이것은 복음을 받아들인 성도의 특권입니다.

미국의 코미디언 중에 밥 호프(Bob Hope)란 분이 있습니다. 그가 한번은 월남전에서 부상당한 사람들을 수용한 병원을 방문해 위로 공연을 하게 되었다고 합니다. 그런데 그 위로 공연 무대에서 그는 평생 잊지 못할 감동을 선사해준 한 광경을 목격하게 됩니다.

그가 공연하는 무대 맨 앞줄에 군인 두 사람이 앉아 박수를 치고 있었는데, 자세히 보니 한 군인은 왼팔을 잃었고 또 한 군인은 오른팔을 잃은 사람이었습니다. 그 두 사람이 자기의 하나뿐인 오른손, 하나뿐인 왼손으로 서로 하이파이브를 하고 있었습니다. 그들은 둘이 한 몸이 되어 서로를 세우고 있었습니다. 이것이 바로 우리 시대에 요구되는 위로의 교제가 아니겠습니까!

하나님만 의지하라

우리가 환난 중에 해야할 일이 하나 더 있습니다.

우리는 우리 자신이 사형 선고를 받은 줄 알았으니 이는 우리로 자기를 의지하지 말고 오직 죽은 자를 다시 살리시는 하나님만 의지하게 하심이라 고후 1:9

인생에서 거의 죽음에 가까운 일을 경험하게 되는 때가 있습니다. 성경은 그럴 때도 죽음을 두려워 말라고 가르칩니다. 오히려 그때는 우리가 죽어야 합니다. 그러면 우리에게 그 죽음의 자리가 부활의 자리가 될 수 있습니다. 우리가 믿는 하나님은 예수 그리스도를 죽은 자 가운데서 다시 살리신 분입니다. 죽음 앞에 선 그때야말로 우리가 자신을 포기하고 부활의 주님을 의지해야 할 때입니다.

일제 강점기, 나라가 사망하는 큰 환난을 경험한 우리 민족에게 큰 위로가 된 찬송이 있다면 〈천부여 의지 없어서〉일 것입니다. 처음 이 찬송의 곡은 애국가로 불렸는데, 얼마 후부터는 부흥회 최고의 은혜 찬양으로 지금까지 사랑을 받고 있습니다. 우리에게 믿을 나라도, 지도자도 없던 그때 우리는 "천부여 의지 없어서 손들고 옵니다 주 나를 외면하시면 나 어디 가리까"라고 주께 고백한 것입니다. 주님은 민족적 환난의 큰 풍랑을 만난 우리가 다만 주님 한 분만을 의지하게 하셨습니다.

워싱턴 지구촌교회에서 사역하다가 지금 LA 토렌스 조은교회에서 사역하시는 김우준 목사님이 '거지 이야기'를 들려주신 적이 있습니다. 거지 소년이 왕궁에 들어가 왕자로 살기 위해서는 지금까지 그가 의지하던 깡통도, 담요도, 수저도 다 버려야 했습니다. 그런데 거지는 지금까지의 생존 방편이던 깡통과 담요, 수저에 대한 집착으로 왕의 초대를 받고도 궁궐에 들어가 왕의 품에 거하지 못했다는 이야기였습니다.

이 이야기에 감동 받은 유치부 어린 소녀 고은이가 자기 할머니에게 예수를 믿으시도록 전도하고자 전한 이야기가 SNS를 통해 큰 감동을 전달하고 있습니다.

이 이야기가 전하고자 하는 바는 우리 모두가 옛사람에 속한 것들을 버려야 한다는 것입니다. 스스로 내려놓지 못한다면, 포기하지 못한다면 하나님이 억지로라도 포기하게 하십니다. 그게 환난입니다. 그 환난 속에서 포기할 것을 포기하라고, 내려놓아야 할 것을 내려놓으라고 말씀하십니다.

그렇다면 선택은 둘 중 하나입니다. 환난 당하고서야 비로

소 포기하고 내려놓겠습니까? 아니면 왕의 왕 되신 하나님 앞에 나아가기 위해 기꺼이 내려놓을 것을 내려놓고, 포기할 것을 포기하겠습니까? 우리 모두가 이 주님 앞에 나아와 그분의 붙드심, 그분의 위로, 그분의 능력을 새롭게 경험할 수 있기를 바랍니다.

● 결단의 기도

1. 우리가 직면한 큰 환난에서 건져주시길 기도합시다(개인적으로/공동체적으로).

2. 큰 환난 중에서도 진실한 위로의 교제가 나누어지도록 기도합시다.

3. 환난 중에 더 이상 자신이 아닌 하나님만 의지하도록 기도합시다.

10

평화를 위한 기도

> 평강의 주께서 친히 때마다 일마다 너희에게 평강을 주시고 주께서 너희 모든 사람과 함께하시기를 원하노라 _데살로니가후서 3:16_

우리가 이 땅에서 변하지 않는 평화를 기대하며 사는 것이 과연 가능할까요? 불안이 지배하는 땅에서 불안해하는 자신과 이웃들을 바라보며 하나님을 역사의 주인으로, 예수님을 영혼의 구주로 믿고 사는 그리스도인들은 과연 다르게 살 수 있는지 질문하지 않을 수 없습니다. 진정한 평화란 무엇이며, 그리스도인으로서 이런 평화를 추구하고 누리는 것이 과연 가능할까요?

사도 바울이 살던 1세기의 세상을 특징짓는 중요한 단어는

'로마의 평화'(Pax Romana)라는 말이었습니다. 이는 아우구스투스 대제가 통치하던 주전 27년부터 주후 180년까지의 시기로, 로마 제국의 강력한 군사력으로 평화가 유지되며 큰 전쟁 없이 살아가던 시기였다고 할 수 있습니다.

그러나 힘에 의한 이런 평화의 시대가 지배 계층에게는 상업이 융성하고 번영을 누릴 수 있는 세상을 제공했지만, 지배받는 사람들에게는 여전히 학대 받고 착취 당하는 불안한 세상이었습니다. 그래서 외적으로는 평화의 질서가 있었지만 내적으로는 여전히 불안한 가짜 평화를 말하던 단어가 '팍스 로마'(Pax Romana)였습니다.

이런 시기에 바울을 통해 복음을 전해 받은 데살로니가의 성도들은 진짜 평화에 대한 기대로 한껏 부풀어 있었습니다. 바울은 그들에게 편지를 쓰면서 말미에 진짜 평화의 축복을 기도의 형태로 전달합니다. 여기서 우리가 배워야 할 진정한 평화의 길은 무엇일까요?

다시 오실 평화의 주님을 기대하라

성경은 우리의 구주요 주님이신 예수 그리스도께서 역사에 두 번 오실 것을 말합니다. 이것을 기독교 교리에서는 그리스도의 초림(First coming)과 재림(Second coming)이라고 가르칩니다. 지금 우리는 그리스도의 초림과 재림이라는 시간 사이에서 살고 있습니다. 왜 그분은 다시 오셔야만 할까요? 이것을 설명하기 위해 신학자들은 세계 제2차 대전 중에 있었던 두 위대한 날을 예로 듭니다. 바로 'D-day'와 'V-day'입니다.

D-day는 1944년 6월 6일로, 프랑스 북부 노르망디 해안에 연합군이 상륙함으로 전세를 결정적으로 역전시킨 날입니다. 전세를 결정한 날이어서 'Decision Day'라고 부른 것입니다. 그러나 이날로 전쟁이 끝난 것은 아니었습니다. D-day 이후 나치 독일은 완강하게 항전했고, 그로부터 11개월이 지난 1945년 5월 8일에 나치 독일의 항복이 이루어짐으로 유럽 전쟁이 끝났고, 8월 15일 일본의 항복으로 마침내 세계 제2차 대전은 완전히 종식되었습니다. 그래서 나치 독일이 무조건 항복한 5월 8일을 'V-day'(Victory day)라고 부르는 것입니다.

여기서 연합군이 결정적인 승기를 잡은 날과 최후 항복을 받은 승리의 날 사이의 기간에 주목해보십시다. 신학자들은 예수 그리스도의 처음 오심과 십자가 사건이 바로 우리의 결정적 승리가 시작된 날이라고 봅니다. 우리가 십자가에 죽으시고 부활하신 예수 그리스도로 말미암아 속죄함을 얻고 구원을 얻게 된 것입니다. 그 결과로 우리는 '하나님과 평화'(Peace with God)하게 되었고, 그분의 선물인 '내적 평화'(Peace of God)를 누리기 시작했습니다. 그날이 우리의 D-Day였던 것입니다.

그렇다고 그날 이후 이 땅의 모든 전쟁이 끝난 것은 아니며, 우리 인생의 싸움이 다 끝난 것도 아닙니다. 구원받은 우리 안에 새 생명이 있고 새로운 평화가 있음에도 불구하고, 아직 우리가 누리는 마음의 평화란 상황에 따라 흔들리는 불완전한 것임을 우리는 잘 알고 있습니다.

그러면 언제 완벽한 평화가 이 땅에, 우리 마음에 임할까요? 그것은 주께서 다시 오실 V-day, 곧 재림의 날입니다. 그것이 그리스도인들이 그 날, 곧 그리스도의 재림의 날을 믿고 기다리는 이유인 것입니다.

세상의 지도자들은 우리에게 완벽한 평화를 제공하지 못합니다. 그러므로 미국의 대통령이나 김정은 위원장이 당장 우리에게 평화를 가져다줄 것처럼 일희일비하지 말아야 합니다. 평화의 주는 오직 예수 그리스도이십니다. 그래서 사도 바울은 그가 복음을 전함으로 예수를 믿고 재림의 소망을 가지게 된 데살로니가 성도들에게 기도 편지를 쓰며 이렇게 축원합니다.

평강의 주께서 … 우리 주 예수 그리스도의 은혜가 너희 무리에게 있을지어다 _살후 3:16-18_

참된 평화를 갈망하십니까? 무엇보다 다시 오실 예수님만이 평화의 주님이심을 믿으십시오.

모든 상황에서 평화를 주시는 주님을 의지하라

우리가 믿고 모시고 사는 주님이 평화의 주님이시라면, 그분은 어떤 상황에서나 평화를 주실 수 있습니다. 그래서 존 스토트는 데살로니가후서 3장 16절을 두고 '모든 때, 모든 곳에서의 평화'라고 번역할 수 있다고 말합니다. 우리는 어느 때, 어느 곳에서나 평화를 갈망하며 살아갑니다.

그런데 본문은 우리의 평화를 위협하는 가장 보편적 원인이 인간관계의 갈등이라고 말합니다. 이런 인간관계의 갈등은 심지어 그리스도인들 사이에도 있을 수 있습니다. 데살로니가 성도들 사이에도 당시 예수님의 재림을 기대하며 준비하는 생활을 둘러싸고 불편한 갈등이 존재했습니다. 본문에 선행하는 구절들이 그런 갈등의 현장을 전달합니다.

"그러나 원수와 같이 생각하지 말고 형제같이 권면하라"_(살_

후 3:15).

인생을 살다 보면 형제가 원수가 될 수도 있습니다. 성도끼리도 원수가 된 것처럼 싸울 수 있습니다. 심지어 부부 간에도 그렇습니다.

한참 유행하던 유머가 생각납니다. 어느 노부부가 '단어 알아맞히기' TV 프로그램에 출연 중이었다고 합니다. 주어진 문제는 '천생연분'이었습니다. 할아버지는 할머니에게 이 단어를 다른 짤막한 단어로 설명해야 했습니다. 여러 가지로 시도해도 딴 말만 하는 할머니를 답답하던 할아버지가 "당신과 나 사이" 하자, 할머니가 웃으며 "아, 웬수" 했답니다. 할아버지가 급하게 "아니, 네 글자"라고 하자, 할머니가 회심의 미소를 지으며 정답을 외쳤다고 하지요. "평생 웬수!"

이렇게 유리처럼 쉽게 깨질 수 있는 인간관계를 평화로 지킬 수 있는 비밀은 무엇일까요? 평강의 주께 기도하는 것입니다. 모든 때, 모든 곳에서 평강을 주시도록 말입니다. 그것이 과연 가능할까요? 주님이 우리와 함께하시면 가능하다고 바울은 말합니다.

주님의 임재가 답입니다. 주님은 당신을 팔고자 계획하고 있는 유다에게 오히려 떡 조각을 건네셨습니다. 제자 한 사람이 예수님을 체포하러 온 대제사장의 종의 귀를 칼로 베자 이 것까지 참으라고 하시며 그 귀를 만져 치료하셨습니다. 당신을 배신한 제자 베드로에게 생선 요리를 준비해서 먹이셨습니다. 십자가에서 당신이 운명하면 누가 그 옷을 가질 것인지 내기하 던 병사들을 보고 "아버지 저들을 용서하여 주옵소서"라고 기 도하셨습니다.

바로 그 주님이 우리와 함께하신다면, 우리가 용서하지 못 할 사람, 우리가 사랑하지 못할 사람이 누가 있겠으며, 우리가 감당하지 못할 상황이 어디 있겠습니까? 그래서 바울은 우리 에게 때마다 일마다 평강의 주님이 함께하시기를 기도하라고 가르친 것입니다.

사막 교부들은 순간순간의 '숨 기도'(Breath Prayer)가 주님의 임 재를 경험하게 한다고 가르칩니다. 그래서 바울도 "쉬지 말고 기도하라"(살전 5:17)라고 가르칩니다. 시시때때로 깊은 숨 쉴 기 도의 틈새를 만들어 "주여, 나를 평화의 도구로 써주소서"라고 기도하십시오.

주님 안에서 날마다 조용히 일하라

본문이 가르치는 중요한 맥락은 데살로니가 성도 중 주님의 재림의 교리를 비상식적으로 해석하는 사람들이 있었다는 것입니다. 그들은 주님이 곧 재림하실 테니 일상적인 가정생활이나 직장생활은 무의미하다고 여기며 모든 것을 포기하고 교회에 삶을 의탁하려 했습니다.

바울은 데살로니가후서 3장에서 그들을 '게으르게 행하고 받은 전통대로 행하지 아니하는 자들'이라고 말합니다(6절). '무질서하게 행하는 자들'이라고 말합니다(7절). '도무지 일은 안하고 일만 만드는 자들'이라고 말합니다(11절). 그리고 이런 자들에게 "일하기 싫어하거든 먹지도 말게 하라"(10절), "우리가 명하고 주 예수 그리스도 안에서 권하기를 조용히 일하여 자기 양식을 먹으라"(12절)라고 경고합니다.

그리고 참된 종말론적 삶을 가르칩니다. 그것은 예수님이 곧 오신다며 광신적으로 이웃의 평화를 깨뜨리는 것이 아니라, 조용하고 성실하게 주어진 일을 감당하며 여유 있는 안식으로 일상을 마무리할 줄 아는 진짜 행복한 삶을 사는 것입니다.

우리는 한때 "일하기 싫어하거든 먹지도 말게 하라"라는 말씀만 강조했습니다. 그것은 어쩌면 지난 산업화 시대의 요구와

일치하는 말씀이기도 했습니다. 반대로 우리는 안식의 중요성을 놓치고 있었습니다. 일과 안식의 균형은 창세기 1-2장부터 성경이 강조하던 바였습니다. 하나님께서도 엿새를 일하고 제칠일에 쉬시면서 동일한 삶의 모범을 십계명으로 가르치지 않으셨습니까!

저는 서울대 김난도 교수팀이 매년 발행하는 《트렌드 코리아 2018》을 읽다가 깜짝 놀랐습니다. 새로운 세대는 '워라밸 세대'가 되어야 한다는 말 때문이었습니다. 즉 일과 삶의 균형을 찾아야 한다는 것입니다. 사실 이 개념은 오래전부터 성경적 세계관의 영향을 받은 서구 사회가 강조하던 가치관이었는데, 우리 사회는 뒤늦게 그 중요성을 자각하기 시작한 것입니다.

워라밸의 회복과 함께 《트렌드 코리아 2018》이 제시한 또 하나의 화두는 '소확행'이었습니다. '작지만 확실한 행복'(small but certain happiness)을 찾자는 것입니다. 이 책의 저자들은 '소확행'의 개념이 일본의 소설가 무라카미 하루키의 수필에 등장한 신조어라고 소개합니다. 갓 구워낸 빵을 손으로 찢어 먹는 행복, 서랍 안에 반듯하게 접어놓은 속옷을 만지고 입어보는 촉감의 행복, 집 근처 카페에서 커피를 마시는 행복. 요컨대 소확

행의 행복 담론은 미래에서 지금으로, 그리고 특별함에서 평범함으로, 한 번의 강력한 자극이 아니라 수시로 되풀이되는 소소함의 행복을 찾자는 것입니다.

저는 이것이 바로 성경이 가르치는 행복의 담론이 아닌가 싶습니다. 내일 일은 내일 걱정하라고, 그날의 괴로움은 그날에 족하다고, 공중의 나는 새를 보라고, 들에 핀 백합화를 보라고, 무엇을 먹을까 무엇을 입을까 너무 염려하지 말라고, 아무것도 염려하지 말고 모든 일에 기도와 간구로 감사함으로 아뢰며 살라고, 항상 기뻐하라고, 쉬지 말고 기도하라고, 범사에 감사하라고, 지극히 작은 일이 중요하다고, 작은 자를 섬기는 것이 중요하다고, 천국은 마치 밭에 감추인 보화와 같다고, 천국은 마치 자기 밭에 심은 작은 겨자씨와 같다고, 무화과나무가 무성하지 못하고 포도나무에 열매가 없어도 하나님을 예배하며 기뻐하라고 말하는 성경의 구절들을 기억해보십시오.

주 안에서 날마다 조용히 일하고 일의 매듭으로서의 안식을 즐거워하는 참 행복을 되찾는 우리가 된다면, 진정한 평화를 누리며 전하는 전도자들이 될 수 있을 것입니다.

1. 다시 오실 주님이 완벽한 평화를 주실 주님이심을 온 인류가 믿게 되도록 기도합시다.

2. 주께서는 우리의 모든 상황에서 평화를 주실 수 있는 분임을 믿고, 오늘의 평화를 위해 기도합시다.

3. 무엇보다 날마다의 일상에서 조용히 일하며 행복을 누리는, 그런 평화를 향유하도록 기도합시다.

11

거룩을 위한 기도

> 평강의 하나님이 친히 너희를 온전히 거룩하게 하시고 또 너희의 온 영
> 과 혼과 몸이 우리 주 예수 그리스도께서 강림하실 때에 흠 없게 보전되
> 기를 원하노라 너희를 부르시는 이는 미쁘시니 그가 또한 이루시리라
> 형제들아 우리를 위하여 기도하라 *데살로니가전서 5:23-25*

교회에 나와 찬송을 처음 접하게 되는 사람들은 찬송가 앞
부분에 실린 송영 찬송에 먼저 관심을 갖게 됩니다. 오랫동안
1장으로 불려진 것은 〈만복의 근원 하나님〉이고, 나머지 송영
들은 찬송가가 편집될 때마다 순서가 조금씩 바뀌곤 했습니다.
한국 초대 찬송가에서 한동안 1장으로 불렸던 찬송은 지금 8
장이 된 〈거룩 거룩 거룩 전능하신 주님〉입니다.

이 찬송가의 저자는 영국 국교회(성공회) 목사인 레지널드 히

버(Reginald Heber)입니다. 1823년 인도 캘커타 교구의 책임자로 인도 교회를 섬기던 그는 예배 후 무더위를 식히려고 수영장에 뛰어들었다가 심장마비로 세상을 떠났습니다. 43세의 젊은 나이였습니다. 그의 유품을 정리하던 미망인은 그가 평소에 적어 놓았던 주옥같은 찬송시들을 발견하여 출판하게 됩니다. 1861년, 당대의 유명한 작곡가였던 존 다이크스(John Dykes)는 마침 성삼위일체 주일에 하나님을 찬양할 예배시를 찾다가 히버 목사의 찬송시에 감동을 받고, 유명한 니케아 신앙 고백 후 성도들이 함께 부를 찬송가를 작곡합니다.

이 찬송은 아마도 모든 개신교단에서 시대와 교파를 초월하여 가장 많이 불리는 예배 찬송이 아닐까 생각합니다. 히버 목사는 영국에서나 인도에서나, 언제 어디서나 경배와 찬양을 받기에 합당하신 거룩하신 하나님을 묵상하며 이 찬송시를 지었던 것입니다.

거룩 거룩 거룩 전능하신 주님
이른 아침 우리 주를 찬송합니다
거룩 거룩 거룩 자비하신 주님
성삼위일체 우리 주로다

거룩 거룩 거룩 주의 보좌 앞에
모든 성도 면류관을 벗어드리네
천군천사 모두 주께 굴복하니
영원히 위에 계신 주로다

저도 교회에 처음 나왔을 때 이 찬송을 부르며 '거룩 거룩 거
룩하신 하나님은 도대체 어떤 하나님이실까?' 질문했던 기억
이 새롭습니다. 이 찬송시가 이사야서 6장과 요한계시록 4장
에 근거한 시라는 사실을 알게 되면서 그 가사가 더 감동적으
로 다가왔습니다.

이사야서 6장에 보면 젊은 궁중 선지자 이사야가 웃시야 왕
이 죽던 해 성전에 들어갔다가 천사들이 보좌에 앉으신 주님
앞에 두 날개로 얼굴을, 두 날개로는 발을 가리고, 나머지 두
날개를 펴고 하나님을 찬양하는 소리를 듣습니다. 그 찬양의
내용이 "거룩하다 거룩하다 거룩하다 만군의 여호와여 그의
영광이 온 땅에 충만하도다"(사 6:3)라는 것이었습니다.

한편 요한계시록 4장에 보면 사도 요한이 밧모 섬에서 하나
님을 예배하다가 하늘이 열리는 것을 목격합니다. 성령의 감동
하심과 함께 보좌 앞에 서게 되었는데 역시 여섯 날개를 지닌
천사들이 "거룩하다 거룩하다 거룩하다 주 하나님 곧 전능하

신이여 전에도 계셨고 이제도 계시고 장차 오실 이시라"(계 4:8)라며 하나님을 찬양하는 소리를 듣습니다. 그리고 보좌 앞에 선 이십사 장로들은 자신의 면류관을 벗어드리며, "우리 주 하나님이여 영광과 존귀와 권능을 받으시는 것이 합당하오니 주께서 만물을 지으신지라"(계 4:11)라고 고백합니다.

이 찬송은 이런 성경의 고백을 내포하는 위대한 예배 찬송으로, 거룩하신 하나님을 경배하고 찬양하는 동시에 그분의 거룩하심을 닮고자 하는 성도들의 갈망을 담아내고 있습니다. 사도 바울은 본문에서 이런 갈망을 담아 기도합니다. 그렇다면 우리는 왜 거룩을 위해 기도해야 할까요?

하나님의 가장 중요한 기대, 거룩

사도 바울은 이미 데살로니가 성도들에게 거룩의 중요성에 대해 이렇게 가르쳤습니다.

하나님의 뜻은 이것이니 너희의 거룩함이라 살전 4:3

신약성경에는 "하나님의 뜻은 이것이니"라는 표현이 하나님의 절대적인 기대를 말하는 경우로 매우 드물게 사용됩니다.

예컨대 요한이 기록한 주님의 말씀을 묵상해봅시다.

"내 아버지의 뜻은 아들을 보고 믿는 자마다 영생을 얻는 이 것이니 마지막 날에 내가 이를 다시 살리리라"(요 6:40).

하나님 아버지의 절대적인 뜻은 우리가 예수 믿고 영생을 얻는 것, 구원받는 것입니다. 그런데 사도 바울은 같은 차원의 중요성을 가지고, 거룩하게 사는 것이 하나님의 뜻이라고 말합니다. 예수 믿고 구원받은 우리가 평생 가장 중요한 숙제로 받은 것이 우리를 구원하신 주의 뜻을 따라 그분을 닮아가는 거룩함을 이루어가는 것이라는 말입니다.

기독교 구원론의 교리는 세 단계를 갖습니다. 첫째가 예수 믿고 의롭다함을 받는 칭의(Justification)의 단계입니다. 둘째 단계를 성화(Sanctification)의 단계라고 부르는데, 이는 예수님을 닮아 거룩함을 이루어가는 것입니다. 이것이 완성된 셋째 단계를 영화(Glorification)의 단계라고 부릅니다.

바울은 "너희를 부르시는 이는 미쁘시니 그가 또한 이루시리라"(살전 5:24)라고 약속합니다. 그런데 같은 맥락의 말씀을 베드로는 어떻게 전하고 있는지 비교해보십시오.

"오직 너희를 부르신 거룩한 이처럼 너희도 모든 행실에 거룩한 자가 되라 기록되었으되 내가 거룩하니 너희도 거룩할지어다"*(벧전 1:15-16)*.

신실하신 우리 주님의 부르심 중에 가장 중요한 부르심이 바로 거룩한 삶으로의 부르심입니다. 물론 이것은 하루아침에 이루어지지 않습니다. 평생을 통한 끊임없는 과정입니다. 본문 마지막 부분은 이런 우리의 기대가 온전하게 실현되는 때를 암시하면서 "우리 주 예수 그리스도께서 강림하실 때"*(살전 5:23)*라고 했습니다.

그러므로 그분 앞에 우리가 서는 날까지, 아니 평생의 시간을 두고 노력해야 하는 숙제가 바로 이 거룩의 숙제 혹은 성화의 숙제입니다. 삶의 시간 속에 때로 우리는 이런 주님의 기대에 미치지 못하는 실패와 넘어짐을 지속하지만, 그때도 그분의 도우심을 믿고 일어나 성화의 길을 걸어야 합니다. 그것이 우리를 부르신 그분의 가장 큰 기대이기 때문입니다.

존재의 전 영역에서 구현되어야 할 거룩

평강의 하나님이 친히 너희를 온전히 거룩하게 하시고 또 너희의 온 영과 혼과 몸이 우리 주 예수 그리스도께서 강림하실 때에 흠 없게 보전되기를 원하노라 *살전 5:23*

바울이 이 구절에서 '영'과 '혼'과 '몸'이라고 쓴 것이 인간의 존재를 삼분법으로 구분하기 위해서는 아니라고 생각합니다. 여기서 중요한 것은 '온'이라는 단어입니다. 원문에는 'holokleron'(entire, whole), 'huimon'(your)이라고 되어 있는 이 단어는 '너의 존재 전체가 거룩해야 한다'라는 의미입니다. 거룩은 우리의 영적 영역, 정신적 영역, 심지어 신체적 영역을 모두 포함해야 한다는 것입니다.

어떻게 하면 그런 거룩한 삶 속에 들어갈 수 있을까요? 거룩을 연구하는 성경학자들이 말하는 거룩의 두 개의 열쇠는 '소속'과 '통치'입니다. 거룩의 삶은 내가 누구에게 소속되었는지를 아는 것입니다. 내 존재가 하나님께 속해 있음을 안다면 내 일거수일투족, 내 모든 삶의 영역이 그분의 지배와 통치 아래 있어야 합니다.

나는 기꺼이 나의 주인 되신 하나님을 예배하며 그분을 인정하고 찬양하고 예배하는 삶을 살아가고 있습니까? 뿐만 아니라 내 생각이나 독서 생활도 그분의 인도와 지배를 받고 있습니까? 인격의 영역 곧 내 지식, 내 감정, 내 의지적 결단들도 그분의 다스림을 통해 형성되고 있습니까? 나를 둘러싸고 만들어지는 인간관계들도 그분의 뜻 안에서 그분의 인도하심을 따라 형성되고 있을까요?

거룩함이 하나님의 뜻임을 역설한 데살로니가전서 4장을 문맥에 주의하며 다시 읽어보십시오.

하나님의 뜻은 이것이니 너희의 거룩함이라 곧 음란을 버리고 각각 거룩함과 존귀함으로 자기의 아내 대할 줄을 알고 *살전 4:3-4*

이 문맥에서의 거룩함은 부부의 성관계를 다루고 있습니다. 다시 말하면 우리의 거룩함은 부부의 성적 순결, 성적 신실로도 입증되어야 한다고 말하는 것입니다. 거룩함은 하나님이 주신 아내를 소중히 여기고 아내와의 진실한 언약을 지켜 나가는 일로 나타나야 한다는 것입니다. 성경에 의하면 이혼이 결코 용서 받지 못할 죄는 아닙니다만, 하나님은 이혼을 미워하신다고 말합니다. 그 이유는 하나님과의 언약을 깨뜨리는 행위이기 때문입니다.

그렇습니다. 거룩하신 하나님 앞에 거룩하게 산다는 것은 그분과의 약속, 그분의 기대를 따르는 삶의 모든 영역에서의 신실을 지키는 것을 의미합니다.

하나님의 도움으로만 가능한 거룩

거룩의 주제를 연구하는 신학자나 영성가들에게는 두 가지 극단적 입장이 존재합니다. 하나의 입장은 구원받는 것은 전적인 하나님의 은혜이지만 거룩하게 사는 것은 전적으로 인간의 책임, 인간의 노력에 달려 있다고 생각하는 것입니다. 또 하나의 입장은 구원이 전적인 하나님의 은혜인 것처럼 성화도 전적으로 하나님의 은혜에 달려 있다는 것입니다.

저는 구원이 그런 것처럼 그리스도인의 성화도 전적으로 하나님의 은혜라는 것에 동의하는 입장입니다. 그러나 이 말이 우리가 아무것도 안하고 주님만 바라보면 성화가 이루어진다는 뜻일까요? 그렇지는 않습니다. 은혜에는 언제나 책임 있는 우리의 응답이 요구됩니다.

바울이 데살로니가전서 5장 23절에서 거룩의 주제를 말하면서 거룩의 하나님이 아닌 평강의 하나님을 말한 이유가 무엇일까요? 성경에서 말하는 평강, 즉 샬롬의 본질은 하나님과의 바른 관계입니다. 거기에서 거룩이 시작되기 때문입니다.

너희를 부르시는 이는 미쁘시니 그가 또한 이루시리라 *살전 5:24*

이것은 우리를 부르시고 구원하신 그분이 우리의 영과 혼과 몸을 흠 없이 보존하는 거룩한 일을 도우시겠다는 약속입니다. 거룩은 하나님의 도우심으로만 실현될 수 있는 일이기 때문입니다. 그래서 사도 바울도 "우리를 위해 기도하라"라며 기도를 부탁합니다. 기도를 부탁하는 행위 자체가 우리의 힘이 아닌 그분의 힘, 그분의 도우심을 요구하는 것 아닐까요? 빌립보서의 말씀을 기억하십니까?

"너희 안에서 행하시는 이는 하나님이시니 자기의 기쁘신 뜻을 위하여 너희에게 소원을 두고 행하게 하시나니"*(빌 2:13)*.

우리 안에 거룩의 소원을 두신 하나님은 우리가 거룩하도록 우리를 도우실 것입니다. 그러나 여전히 그분의 은혜에 대한 우리의 민감한 응답은 필요합니다.

게리 토마스는 그의 저서 《일상 영성》에서 이런 자신의 경험을 말합니다. 하루는 비행기를 타고 미국 서부에서 동부로 가게 된 그가 몇 시간이지만 기내에서 책을 쓰려고 마음 먹었는데, 자기 좌석이 가운데였다고 합니다. 좌석이 가운데면 책을 읽기도, 무엇인가를 쓰기도 불편할 듯해서 좌석을 바꾸려 했지만 뜻대로 되지 않아 난감한 마음으로 비행기를 탔습니다.

그의 한쪽에는 거구의 남자, 또 한쪽에는 할머니가 앉으셨는데, 안전벨트도 매기 전부터 할머니가 말을 걸어오셨다고 합니다. 주저하는 마음으로 책을 덮으며 대답하자 할머니는 "미안해요. 책을 읽으시려고 했군요" 하시더랍니다. 게리 토마스가 정중하게 웃으며 "아니에요. 괜찮아요. 말씀하세요"하자 할머니가 "내가 주책이지. 15년 전 영감이 죽고 나서 내가 대화에 굶주려 있었나 봐요" 하더랍니다. 그 순간 게리는 성령의 음성을 들을 수 있었다고 합니다.

"이 여인에게 자신의 이야기에 귀를 기울여 줄 친구가 필요해서 내가 오늘 너를 이곳에 앉힌 것이다."

책을 닫고 기분 좋게 할머니와 대화를 나누면서 그는 하나님이 자신을 성화의 자리로 초대하신 것을 알게 되었다고 고백합니다. 그리고 이 여인의 이야기에 귀를 기울이며 하나님이 주신 작은 은혜의 기회 앞에 응답하면서 함께하시는 그리스도의 임재를 경험했고, 자신의 내면이 놀랍도록 새로워지는 것을 경험했다고 말합니다. 비행기가 동부에 도착하는 몇 시간 동안 그가 본래 계획했던 책의 저술보다 더 놀라운 일, 자기 자신의 내면을 거룩하게 하시는 하나님의 손길을 경험하게 되었다고 말입니다.

거룩은 하나님이 하시는 일입니다. 그러나 그 하나님은 우리가 그분이 주시는 은혜의 기회 앞에 신실하게 응답할 때 그분의 거룩을 이루어가십니다. 이 거룩의 은혜가 우리의 평생동안 우리로 거룩하신 주님을 닮게 하기를 바랍니다.

● 결단의 기도

1. 하나님의 가장 큰 기대인 거룩이 삶 가운데 실현되도록 기도합시다.

2. 하나님의 거룩이 우리 삶의 모든 영역(신체적, 정신적, 영적)에서 실현되도록 기도합시다.

3. 거룩한 삶을 살기 원하는 우리의 소원을 하나님께서 도와주시도록 기도합시다.

Part 4

흔들리지 않는
소망을
붙들라

12

가치 있는 인생을 위한 기도

이로써 우리도 듣던 날부터 너희를 위하여 기도하기를 그치지 아니하고 구하노니 너희로 하여금 모든 신령한 지혜와 총명에 하나님의 뜻을 아는 것으로 채우게 하시고 주께 합당하게 행하여 범사에 기쁘시게 하고 모든 선한 일에 열매를 맺게 하시며 하나님을 아는 것에 자라게 하시고 그의 영광의 힘을 따라 모든 능력으로 능하게 하시며 기쁨으로 모든 견딤과 오래 참음에 이르게 하시고 우리로 하여금 빛 가운데서 성도의 기업의 부분을 얻기에 합당하게 하신 아버지께 감사하게 하시기를 원하노라 *골로새서 1:9-12*

덴마크의 기독교 철학자 쇠렌 키에르케고르가 들려준 이야기가 있습니다. 어떤 강도가 보석상에 침입했는데 아무것도 훔치지 않았다고 합니다. 대신 강도는 이 보석상의 모든 제품 아래 진열된 가격표들을 바꾸어 놓았습니다. 그 다음날 어떤 일이 생겼을까요? 형편없는 싸구려 제품들이 엄청나게 비싼 가격으로 팔렸고, 엄청나게 비싼 제품들은 형편없이 싼 가격으로 팔렸습니다.

성경이 묘사하는 영적인 강도 사탄 마귀가 한 일이 그것입니다. 마귀는 이 세상에서 가격표를 바꾸어 놓았습니다. 그 결과 일어난 현상이 가치관의 전도입니다. 우리는 무엇이 참으로 가치 있는 것인지, 무엇이 무가치한 것인지를 모르게 되었습니다.

예수님은 산상수훈에서 "보물을 땅에 쌓아두지 말고 하늘에 쌓아두라"라고 말씀하십니다. 땅에는 도둑이 들지만 하늘에는 도둑이 들지 못하기 때문입니다. 도둑이 영향을 끼치지 못하는 하늘의 보물이 무엇입니까? '그의 나라와 그의 의'입니다. 문제는 우리가 세상에서 하나님 나라와 그 의의 가치를 모르고 산다는 것입니다. 하나님의 나라가 보석인 줄 모르고 땅의 재물에 눈이 어두워진 채 살아갑니다.

미술상들이 미술 진품을 분별하고 그 작품에 가격을 매기는 중요한 기준의 하나는 작가의 서명입니다. 미켈란젤로의 서명이 있느냐, 반 고흐의 서명이 있느냐, 천경자의 서명이 있느냐, 김환기의 서명이 있느냐가 중요합니다. 그런데 어느 날 미술품

시장에 창조자 하나님이 친히 서명하신 작품이 등장했다고 가정해 봅시다. 얼마나 놀라운 일일까요? 실제로 그런 작품이 등장한 것을 아십니까?

성경은 우리의 인생이 바로 하나님의 형상을 따라 지음 받은 하나님의 작품이라고 말합니다. 문제는 우리가 자신의 인생을 그렇게 고귀하게 여기지 않는다는 것입니다. 단 한 번 주어진 삶을 살면서 자신을 가치 있는 하나님의 작품으로 귀히 여기지 못하고 있다는 것입니다. 바울은 이런 우리에게 가치 있는 인생을 위해 기도하라고 가르칩니다.

주께 합당하게 행하여 _골 1:10_

영어성경 NIV에는 이 구절이 "You may live a life worthy of the Lord"라고 되어 있습니다. 주님 보시기에 가치 있는 인생이 되도록 기도하라는 말입니다. 여기 '합당하게'로 번역된 우리말이 영어로는 'worthy'_(가치 있는)_입니다. 우리가 예수님을 주인으로 모시는 순간부터 우리는 주님의 가치를 나의 가치로 받아들인 것입니다. 그렇기에 우리는 주님의 가치에 합당한 인생을 살아야 합니다. 어떻게 하면 우리가 가치 있는 인생을 살아갈 수 있을까요?

알아야 할 것을 아는 신앙

골로새 교회는 사도 바울이 직접 세운 교회는 아닙니다. 아마도 바울이 에베소에서 사역할 때 바울의 말씀을 듣고 그리스도의 제자가 된 골로새 사람 에바브라가 설립한 것으로 추정합니다(골 1:7 참조). 즉 바울은 제자 에바브라를 통해 복음을 받은 영적 손자들과 같은 골로새 성도들을 위해 기도하고 있습니다.

이로써 우리도 듣던 날부터 너희를 위하여 기도하기를 그치지 아니하고 구하노니 너희로 하여금 모든 신령한 지혜와 총명에 하나님의 뜻을 아는 것으로 채우게 하시고 _골 1:9_

바울은 그들이 영적 지혜와 이해에 근거한 하나님의 뜻을 아는 지식으로 충만하기를 기도합니다. 예수를 믿게 되면 알아야 할 것이 많은데, 그중 무엇보다 중요한 것은 하나님의 뜻을 아는 것입니다.

저는 1970년대 초, 미국에 있는 작은 성경대학으로 유학을 떠났는데, 그 학교의 표어가 인상적이었습니다.

"The will of God, nothing more, nothing less, nothing else"(*하나님의 뜻, 그 이상도 그 이하도 그 외에 무엇도 아니다*).

한마디로 하나님의 뜻이 전부라는 말이었습니다.

바울은 그리스도인의 삶의 출발점이 바로 하나님의 뜻을 이해하는 것이라고 말합니다.

"너희는 이 세대를 본받지 말고 오직 마음을 새롭게 함으로 변화를 받아 하나님의 선하시고 기뻐하시고 온전하신 뜻이 무엇인지 분별하도록 하라"(*롬 12:2*).

하나님의 뜻은 선한 것이고, 하나님이 기뻐하시는 것이며, 온전한 것입니다. 그 뜻을 분별하여 아는 것, 그보다 더 중요한 것은 없습니다. 예수님도 제자들에게 기도를 가르치실 때 우리가 무엇보다 우선순위에 두고 기도해야 할 것을 이렇게 말씀하셨습니다.

"뜻이 하늘에서 이루어진 것같이 땅에서도 이루어지이다."

그리고 예수님이 십자가를 지시기 전, 겟세마네 동산에서 마지막에 드린 기도가 무엇이었습니까?

"내 뜻대로 마옵시고 아버지의 뜻대로 하옵소서."

저는 그 성경대학에 입학한 후 졸업할 때까지 몇 년간 "하나님의 뜻, 그 이상도 그 이하도 그 외에 무엇도 아니다"라는 학교 표어를 보면서 제 인생에 하나님의 뜻이 이루어지기를 기도하게 되었습니다. 저는 유학을 떠날 때 목사가 될 생각이 없었습니다. 유학 전에 젊은이들을 전도하는 일을 하다가 떠났기에, 그저 성경을 잘 배워서 이 땅의 젊은이들을 잘 가르쳐야겠다는 마음뿐이었습니다.

그러다 졸업을 앞두고 바울서신에 대한 강의를 들으며 에베소서와 골로새서를 비교 연구하는 과제를 진행하게 되었습니다. 그러면서 교회가 영광스러운 하나님의 뜻을 실현하기 위한 영광스런 공동체임을 알게 되었고, 그 교회를 섬기는 일꾼으로 평생을 사는 목사의 소명을 받아들이게 되었습니다.

결국 저는 귀국 전에 목사로 안수를 받았고, 이후로 저는 후회가 필요 없는 인생을 살게 되었습니다. 제 인생이 하나님의 뜻 안에 있음을 알게 되었기 때문입니다. 우리 모두가 우리의 평생을 통해 이루기 원하시는 하나님의 뜻을 알아 가치 있는 인생을 살아가길 바랍니다.

행해야 할 것을 행하는 신앙

바울은 인생의 가장 중요한 가치 실현이 하나님의 뜻을 아는 것이라고 말합니다. 그러면 그 다음으로 중요한 것이 무엇이겠습니까?

**주께 합당하게 행하여 범사에 기쁘시게 하고 모든 선한 일에
열매를 맺게 하시며 하나님을 아는 것에 자라게 하시고** 골 1:10

이제는 행해야 할 것을 행해야 합니다. 주께 합당하게 행해
야 합니다. 그것이 열매를 맺는 삶이고, 하나님을 아는 것에 자
라는 삶입니다. 아는 것만으로 족하지 않습니다. 사도 야고보
는 "그러므로 사람이 선을 행할 줄 알고도 행하지 아니하면 죄
니라"(약 4:17)라고 했습니다.

만일 우리가 진정으로 하나님의 뜻을 행하고자 한다면, 그
것을 행할 수 있도록 하나님이 도우시지 않겠습니까? 이는 성
경의 약속이기도 합니다. 바울이 말한 바를 기억합시다.

"너희 안에서 행하시는 이는 하나님이시니 자기의 기쁘신
뜻을 위하여 너희에게 소원을 두고 행하게 하시나니"(빌 2:13).

하나님의 기뻐하시는 뜻은 그리스도인들이 사모해야 할 '최
고 선'입니다. 하나님은 그 뜻을 기뻐하고 갈망하며 그 뜻을 이
루는 데 헌신하는 자들이 그것을 이루도록 도우실 것입니다.

달라스 제일 침례교회에서 47년을 목회한 존경받는 목회자

요, 위대한 설교자인 조지 트루엣(George Truett) 목사님이 늘 강조하셨던 말씀이 있습니다.

"하나님의 뜻을 아는 것은 가장 위대한 지식이다. 그러나 하나님의 뜻을 행하는 것은 가장 위대한 성취이다"(To know the will of God is the greatest knowledge. To do the will of God is the greatest acheivement).

머리에 새겨진 거룩한 지식이 이제는 우리의 존재 전체를 지배하는 행동이 되고 삶이 되어야 합니다. 그것이 바로 위대한 삶의 본질입니다. 더 많이 아는 것도 중요하지만 그 앎이 가치 있는 삶으로 나타나지 않는다면, 그것은 위대한 영향력을 끼치지 못합니다.

우리가 사는 세상의 최고 가치는 '자아실현'이라고 할 수 있습니다. 그러나 그리스도인의 최고 가치는 '하나님 뜻의 실현'입니다. 조지 트루엣 목사님이 남긴 말씀을 하나 더 인용하고자 합니다.

"하나님의 뜻 안에서는 실패가 없다. 하나님의 뜻을 떠나서는 성공도 없다"(There is no failure in God's will and no success outside of God's will).

트루엣 목사님은 회의를 주재할 때마다 빙그레 웃으며 "주의 뜻이 이루어지기를!"(Thy will be done)이라고 하셨고, 말년에 건강으로 고생하실 때에도 누군가가 위로를 건네면 늘 "주의 뜻이 이루어지기를!"이라고 대답하셨다고 합니다. 그가 세상을 떠났을 때 사람들은 그의 일생을 담은 책을 내면서 《주의 뜻이 이루어지기를!》이라는 제목을 붙였습니다.

가치 있는 인생은 행해야 할 것을 행하는 삶입니다. 최고로 가치 있는 인생은 하나님의 뜻을 행하는 삶입니다.

견뎌야 할 것을 견디는 신앙

우리가 알아야 할 것을 알고 행해야 할 것을 행하면 마침내 열매를 맺게 됩니다.

그의 영광의 힘을 따라 모든 능력으로 능하게 하시며 기쁨으로 모든 견딤과 오래 참음에 이르게 하시고 골 1:11

바울은 모든 선한 일이 열매를 맺게 된다고 말합니다. 그러나 그 열매를 맺는 과정에서 반드시 필요한 것이 있습니다. 바로 견딤과 참음입니다. 희생과 고난 없이 열매는 맺어지지 않습니다.

"내가 진실로 진실로 너희에게 이르노니 한 알의 밀이 땅에 떨어져 죽지 아니하면 한 알 그대로 있고 죽으면 많은 열매를 맺느니라"(요 12:24).

예수님의 십자가의 고난과 죽음이 없었다면 오늘의 기독교, 오늘의 우리가 존재할 수 있었을까요? 예수님은 그 고난과 죽음을 마지못해 당하셨을까요? 그렇지 않습니다. 히브리서 말씀을 보십시오.

"믿음의 주요 또 온전하게 하시는 이인 예수를 바라보자 그는 그 앞에 있는 기쁨을 위하여 십자가를 참으사 부끄러움을 개의치 아니하시더니 하나님 보좌 우편에 앉으셨느니라"(히 12:2).

바울은 골로새 성도들이 가치 있는 인생, 가치 있는 열매를 맺기 원한다면 기도하며 기쁨으로 견딤과 오래 참음의 과정을 지나야 한다고 말합니다. 그리고 그렇게 할 수 있도록 영광의 힘으로 돕겠다고 약속하십니다. 하나님의 도우심이 있기에 우리가 고난을 참고 인내할 수 있습니다.

동남아시아 국가 중 그나마 복음화가 많이 촉진된 나라들이 있는데, 미얀마도 그중 하나입니다. 인구의 거의 7퍼센트가 기독교 인구(약 300만 명)로 집계되고 있습니다. 그중 65퍼센트는 침례교 그리스도인들입니다. 특히 미얀마 카렌족, 카친족, 진족의 복음화는 거의 절대 다수입니다. 이런 역사의 뒤안길에는 아도니람 저드슨이란 한 선교사 가족의 희생과 인내가 있었습니다. 그는 미얀마 최초의 선교사였습니다.

아도니람 저드슨은 미국의 명문인 브라운 대학을 졸업한 야망을 가진 청년이었지만, 학교에 다니면서 한 친구의 영향으로 무신론자가 되고 맙니다. 그러다 졸업을 앞두고 떠난 여행에서 그 친구의 허무한 죽음을 목격하게 되었고, 그 일을 계기로 복음 앞에 마음을 열고 신학교에 진학해 선교에 헌신하게 되었습니다. 그 무렵 《천로역정》을 읽다가 크리스천이 된 앤(낸시)이라는 여인을 만나 그녀의 부모에게 편지로 결혼 승낙을 청합니다. 그 내용은 대략 이러했습니다.

"이 땅에서 더 이상 당신의 딸과의 만남이 없을지 모르는 선교 여정, 결핍과 슬픔, 모욕과 박해 그리고 고난과 죽음의 위험이 있을지 모를 곳으로 그리스도의 복음을 전할 수 있도록 떠나게 허락해주십시오."

의외로 허락을 얻은 그는 1812년 2월 5일에 결혼식을 올렸습니다. 그 다음날 목사안수를 받은 그는 13일 후 배를 타고 신부와 함께 선교지로 떠납니다. 1813년 미얀마에 입국해 선교를 시작한 그는 6년이 지난 후에야 첫 회심자를 얻게 됩니다. 그곳에서 그는 열대성 열병으로 수십 번 죽음의 위기를 넘

겼고, 아내와 두 번이나 사별했으며, 여러 자녀들을 잃어야 했습니다. 한때는 스파이의 누명을 쓰고 사형 선고를 받은 채 21개월이나 억울한 감옥생활을 하기도 했습니다.

그런 고난 중에서도 그는 미얀마어로 성경을 완역하고 미얀마어 사전을 편찬하며 복음을 전합니다. 37년 후 그가 세상을 떠날 때에는 63개 교회와 21만 명의 그리스도인들이 생겨나게 되었습니다.

저는 '미얀마 선교 200주년 기념대회'를 할 때 강사 중 하나로 참여하게 되었는데, 목회자들만 만 명이 모였습니다. 그 자리에서 미얀마 크리스천들과 저드슨을 보내주신 하나님께 감사하며, 말씀을 전하고 하나님을 예배할 수 있었습니다. 그러면서 아도니람 저드슨이 그 자리에 있었다면 어떤 마음이었을지 생각하게 되었습니다. 아마도 자신이 그 땅에서 희생하고 고생한 것이 가치 있는 일이었음을 감사하게 되지 않았을까요? 그렇습니다. 그 자리는 아도니람 저드슨의 고난과 희생이 헛되지 않은 것을 확인하고 견딤과 인내의 열매를 올려드리는 거룩한 축제의 자리였습니다. 가치 있는 인생은 이런 견딤과 참음이 없이는 열매를 맺을 수 없습니다.

가치 있는 인생을 살기 원하십니까? 인생의 마지막이 후회 없는 삶이길 원하십니까? 그렇다면 오늘의 아픔, 오늘의 고통, 오늘의 수고를 기쁨으로 인내할 수 있기 바랍니다. 우리의 발자국마다 그런 땀방울이 가득할 수 있기를 바랍니다.

● 결단의 기도

1. 우리를 향한 하나님의 뜻을 잘 알 수 있기를 기도합시다.

2. 하나님의 뜻을 행하는 가치 있는 인생을 살아가도록 기도합시다.

3. 하나님의 뜻을 온전하게 행하기까지 오래 참고 견뎌낼 수 있기를 기도합시다.

13

소망을 위한 기도

소망의 하나님이 모든 기쁨과 평강을 믿음 안에서 너희에게 충만하게 하사 성령의 능력으로 소망이 넘치게 하시기를 원하노라 *로마서 15:13*

몇 해 전 우리에게 들려온 세계 뉴스 중에 아주 기분 좋은 소식이 있었습니다. 그것은 태국 유소년 축구팀 소년들과 코치 등 13명이 17일간 동굴에 갇혀 있다가 전원 구조된 소식이었습니다. 이들은 한 시간 정도의 동굴 탐사를 위해 들어간 동굴 안에 갑자기 내린 폭우로 갇히게 되었습니다. 강이 되어버린 칠흑 같은 5킬로미터 거리의 동굴 내부와 수심 40미터의 시계제로 해저에서 이들이 구조된다는 것은 불가능한 과제처럼 보였습니다.

이 구조 작전의 극적인 성공에는 여러 요인들이 존재했지만, 그중에서도 코치의 리더십을 간과할 수 없습니다. 2주 이상 동굴 안에서 불안해하는 소년들에게 코치는 마음을 다스리는 훈련을 통해 "우리는 모두 살아서 나간다"라는 희망을 계속적으로 주입시킨 것입니다. 그는 동굴 속에서 소년의 부모들에게 "죄송하다"라며 동굴로 인도한 것에 대해 사과하고, "그러나 최선을 다하여 아이들을 보살피고 이곳에서 안전하게 나가도록 하겠다"라고 약속했습니다.

그는 실제로 자신의 먹을 것을 양보하고 공복 상태에서 버티면서도 아이들과 매일 대화를 나누며 희망의 산소를 주입시켰습니다. 덕분에 아이들 모두가 포기하지 않고 구조를 기다릴 수 있었습니다. 구조 후 인터뷰에서 아이들은 코치의 말을 믿고 "우리는 반드시 살아나간다"라는 믿음을 가졌다고 말했습니다. 이들을 살린 두 가지 요인은 희망과 믿음이었습니다.

사도 바울은 위대한 로마서를 기록하며 로마 교회가 이방인 성도들을 잘 세워 세계 복음화의 과제를 실현하도록 축복하며 기도합니다.

"소망의 하나님이 모든 기쁨과 평강을 믿음 안에서 너희에게 충만하게 하사 성령의 능력으로 소망이 넘치게 하시기를 원하노라"_(롬 15:13).

바울은 로마 성도들이 하나님을 무엇보다 소망의 하나님으로 알기를 기도합니다. 적지 않은 박해가 계속되는 상황이지만 그들이 소망을 포기하지 않을 때 로마의 복음화가 가능함을 알았기 때문입니다. 만일 그 상황에서도 그들이 소망으로 충만한 삶을 산다면 그것은 어떤 언어보다 강력한 믿음의 증거가 될 것입니다. 그래서 소망의 하나님이 성령의 능력을 통해서 그들의 삶을 소망으로 채우기를 기도합니다.

그렇다면 그들이 소망으로 충만한 삶을 산다는 것은 무엇을 의미할까요? 소망으로 사는 인생이란 구체적으로 어떤 삶을 의미하는 것일까요?

기쁨으로 충만한 삶

사도 바울은 소망으로 채워진 삶의 특성으로 기쁨과 평강을 강조합니다. 그런데 이 두 가지는 바울이 이미 로마서 14장에서 하나님 나라의 본질로 강조한 것들이었습니다.

"하나님의 나라는 먹는 것과 마시는 것이 아니요 오직 성령 안에 있는 의와 평강과 희락_(기쁨, joy)이라"_(롬 14:17).

여기서 하나님 나라의 본질로 기쁨이 강조됩니다. 하나님

나라는 기쁨의 나라입니다. 하나님 백성은 기쁨의 백성입니다. 소망을 갖고 살기 때문입니다. 소망이 없다면 우리는 슬픔의 백성일 수밖에 없습니다. 그러나 우리가 소멸되지 않을 소망을 갖게 되었다면 어떻게 기뻐하지 않을 수 있겠습니까? 그래서 바울은 바로 앞에서 이렇게 선언합니다. "또 이르되 열방들아 주의 백성과 함께 즐거워하라"(롬 15:10).

그리고 "또 모든 열방들아 주를 찬양하며 모든 백성들아 그를 찬송하라 하였으며"(11절)라고 말합니다. 우리가 즐거워하는 이유, 우리가 찬송하는 이유는 소망을 갖게 되었기 때문입니다. 이어서 바울은 "또 이사야가 이르되 이새의 뿌리 곧 열방을 다스리기 위하여 일어나시는 이가 있으리니 열방이 그에게 소망을 두리라"(12절)라고 합니다. 소망되신 그리스도, 그분이 우리와 모든 열방에게 기쁨과 즐거움, 찬송의 원인이 되십니다.

사도 바울이 이런 기쁨으로 충만했기에, 로마의 감옥에 갇혀 있으면서도 빌립보 성도들에게 여전히 "기뻐하라"라고 권면할 수 있었습니다(빌 4:4).

감옥이 가둘 수 없었던 기쁨, 쇠사슬이 매어 둘 수 없었던 기쁨이 그 안에 있었던 것은 바로 그리스도의 소망이 그를 다스리고 있었기 때문입니다. 그의 고백을 상기해보십시오.

"나의 간절한 기대와 소망을 따라 아무 일에든지 부끄러워하지 아니하고 지금도 전과 같이 온전히 담대하여 살든지 죽든지 내 몸에서 그리스도가 존귀하게 되게 하려 하나니 이는 내게 사는 것이 그리스도니 죽는 것도 유익함이라"(빌 1:20-21).

그리스도와 함께하는 소망, 이 소망으로 인해 그는 사나 죽으나, 그 어디서나 기뻐할 수 있었던 것입니다. 죽으면 그리스도의 영원한 임재 속에 들어갈 것이고, 살면 소망이신 그리스도를 증거하는 인생을 살 것이기에 그는 감옥 속에서도 기뻐하며 감옥 밖의 성도들에게도 항상 기뻐하라고 권할 수 있었습니다.

요한복음 15장에 보면 포도나무이신 그리스도에게 가지 된 우리가 온전히 연합되었을 때 누리는 삶의 열매가 나옵니다. 그것은 바로 기쁨이었습니다(요 15:11).

평강으로 충만한 삶

우리의 삶이 소망으로 채워지면 기쁨과 함께 평강으로 충만한 삶을 경험하게 된다고 바울은 약속합니다. 평강 혹은 평안의 반대는 무엇입니까? 불안입니다. 소망이 없으면 우리의 미래는 불안할 수밖에 없습니다. 바울은 이미 하나님 나라의 본질 가운데 하나가 평화라고 말했습니다. 하나님의 나라는 평강의 나라입니다. 하나님의 백성은 평강의 백성입니다.

하나님의 백성이 평강할 수 있는 이유는 무엇입니까? 그들도 삶의 마당에서 끊임없이 불안을 경험하는 데 말입니다. 시편의 말씀을 기억해보십시오.

"내 영혼아 네가 어찌하여 낙심하며 어찌하여 내 속에서 불안해하는가 너는 하나님께 소망을 두라 그가 나타나 도우심으로 말미암아 내가 여전히 찬송하리로다"*(시 42:5)*.

불안과 마주하는 순간, 하나님의 백성은 하나님을 바라봅니다. 그리고 그분의 도우심을 믿는 순간, 우리는 불안해하는 대신 찬양을 시작합니다. 그리고 우리의 영혼은 평강을 누리게 됩니다.

폴 틸리히라는 신학자는 인간 존재의 불안은 근원적으로 비존재에 대한 불안, 곧 죽음으로 우리가 없어짐에 대한 불안이라고 말합니다. 그러나 우리가 하나님을 신뢰하는 순간, 우리는 궁극적 실재요 영원자이신 하나님 안에 있게 됩니다. 그 하나님을 바라보는 바라봄, 그것이 바로 소망입니다. 이 소망으로만 우리 존재의 불안은 극복됩니다.

불안은 그렇다 치고, 삶의 염려와 걱정들은 또 어떻게 할 것입니까? 바울은 그 처방이 바로 기도라고 말합니다.

"아무것도 염려하지 말고 다만 모든 일에 기도와 간구로 너희 구할 것을 감사함으로 하나님께 아뢰라 그리하면 모든 지각에 뛰어난 하나님의 평강이 그리스도 예수 안에서 너희 마음과 생각을 지키시리라"*(빌 4:6-7)*.

염려할 것들을 모두 기도할 것들로 바꾸라는 말입니다. 여기서 '지키신다'라는 단어는 본래 군대 용어입니다. 염려 대신 염려할 모든 것을 기도와 간구로 하나님께 아뢰면, 하나님의 평강이 우리의 마음과 생각을 든든히 지키시겠다는 것입니다. 이것은 하나님의 약속입니다.

'염려'라는 말은 원어로 '메림나오'*(merimnao)*인데 '마음'*(nous)*이란 단어와 '찢는다'*(merizo)*라는 단어의 합성어입니다. 마음이 여러 가지 일로 나뉘고 찢기는 것이 염려입니다. 그러나 그럴 때 그 염려거리들을 하나님께 의탁하며 기도하고 간구하면 우리 마음은 오직 한 가지, 하나님의 임재로만 가득해집니다. 그때 우리는 하나님의 평강으로 충만한 영혼이 됩니다. 소망의 하나님이 주신 선물이 바로 평강입니다.

믿음 안에서 사는 삶

소망이 오면 우리는 기쁨의 삶, 평강의 삶을 살게 됩니다. 이에 더해 바울은 소망이 오면 우리가 믿음 안에서 삶을 살게 된다고 말합니다. 소망은 우리를 믿음 안에 있게 하고, 믿는 자가 되게 합니다.

우리말에 '믿음 안에서'라고 번역된 말이 영어 번역에는 'believing'으로 되어 있습니다. 이는 계속해서 믿는 것을 말합니다. 소망은 우리를 계속해서 믿는 자가 되게 합니다. 또한 믿고 있을 때 성령의 능력이 우리를 소망으로 채워주시는 것입니다.

믿음이 있으면 소망도 있습니다. 믿음이 현재 지향적이라면 소망은 미래 지향적입니다. 현재의 믿음이 내일의 소망을 가능하게 하는 것입니다. 히브리서의 약속을 기억하십니까?

"믿음은 바라는 것들의 실상이요 보이지 않는 것들의 증거니"*(히 11:1).*

다르게 번역하면 '하나님을 믿는 믿음이 우리가 소망으로 삶을 살게 하는 기초이며, 눈앞의 답답한 현실에도 불구하고 하나님을 신뢰하는 믿음이야말로 보이지 않는 미래의 소망의 보증'이란 말입니다. 이런 생동하는 믿음이 성령이 역사하는 통로가 됩니다. 우리가 믿고 있을 때 성령은 우리를 기쁨과 평강으로 채우시고, 소망으로 채워주십니다.

유대인들이 즐겨 부르는 노래 중 〈아니 마민〉*(Ani ma'amin)*이라는 슬프고 아름다운 노래가 있습니다. '아니 마민'은 '나는 믿는다'(I believe)라는 의미입니다. 심지어 2차 대전 당시에는 가스실로 끌려가면서도 이 노래를 불렀습니다. 본래 이 노래는 12세기 유대인 랍비 철학자 모세 마이모니데스(Moses Maimonides)가 만든 시이지만, 2차 대전 때 유대인들이 고난 받던 수용소(concentration camp)에서 다시 태어난 노래라고 알려져 있습니다. 그러니까 모든 소망이 사라진 절망 속에서 태어난 노래, 절망 속에 부른 소망의 노래라고 할 수 있습니다. 가사는 이렇습니다.

> 나는 확실히 믿네 메시아가 오신다는 것을,
> 나는 믿네 나는 메시아의 오심을 믿네.
> 그가 오신다는 것을 믿네
> 나는 메시아의 오심을 믿네.
> 그가 오신다는 것을 믿네
> 그의 오심이 늦을지라도.
> 그럼에도 나는 기다린다네
> 그의 오심이 늦을지라도.
> 그럼에도 나는 기다린다네
> 그의 오심을 날마다 기다린다네.

이 노래는 유대인 시인 레이빅(Leivick)이란 분에 의해 약간 개사되어 불리게 됩니다.

벙커에서도 우리 유대인들은 아니 마민을 부른다네
메시아의 오심을 믿는다고.
그의 오심이 늦을 지라도 나는 믿네
그는 저기에서 여기에서 오실 것이라고
캠프(수용소)에서도 우리는 노래를 부른다네.
나는 믿네 나는 믿네
그의 오심이 늦을 지라도.
나는 믿네 믿는 자처럼 나는 믿네.
우리 모두 노래를 부르세, 나는 믿는다고.
우리가 노래를 부르지 않아도
노래는 스스로 불릴 것이네.
저녁에도 새벽에도 나는 믿네
그의 오심이 늦을지라도.
그는 오실 것이네, 확실히 오실 것이네.
언제 어떻게 오실 것인지 묻지 말게나
유대인의 노래처럼 나는 믿네 나는 믿네.
보라 그는 오시고 있지 않은가.
보라 그는 여기에 계시다네.

수용소에 수감된 한 유대인 외과의사가 있었습니다. 그는 가스실로 보내질 수형자를 매일 가려내는 절망의 상황에서도 노동 중에 주머니에 숨겨온 유리 조각으로 매일 아침이면 면도를 하고 기도를 드린 후 이 노래를 불렀다고 합니다.

나는 믿네 나는 믿네 메시아의 오심을,
그의 오심이 늦을지라도 나는 믿네.
보라 그는 오시고 있지 않은가.
보라 그는 여기에 계시다네.

수용소 간수들이 가스실로 보낼 자를 뽑을 때마다 이 외과
의사의 빛나는 눈동자와 면도로 깨끗해진 얼굴을 보고 그를 비
껴갔다고 합니다. 마침내 독일이 항복하고, 그는 이 수용소에
서 살아 나오며 다시 이 노래를 불렀다고 합니다.

나는 믿네 나는 믿네 메시아의 오심을,
그의 오심이 늦을 지라도 나는 믿네.

절망의 하늘 아래 있다 할지라도 가득한 소망으로 하나님을
향해 고백해 봅시다.

"아니 마민!"*(주여, 내가 믿나이다!)*

이 믿음을 가진 자들에게 성령이 역사하실 것입니다. 소망
의 하나님을 믿는 자, 믿고 기도하는 자에게 기쁨과 평화를 선

물하실 것입니다. 이 소망을 가지고, 소망 없이 살고 있는 사람들에게 소망의 복음을 나누는 삶이 되길 바랍니다.

● **결단의 기도**

1. 소망의 증거인 기쁨으로 충만한 삶을 살게 되도록 기도합시다.

2. 소망의 증거인 평화로 충만한 삶을 살게 되도록 기도합시다.

3. 소망의 증거로 믿음 안에서 살게 되도록 기도합시다.

14

인생 결산을 위한 기도

내가 처음 변명할 때에 나와 함께한 자가 하나도 없고 다 나를 버렸으나 그들에게 허물을 돌리지 않기를 원하노라 주께서 내 곁에 서서 나에게 힘을 주심은 나로 말미암아 선포된 말씀이 온전히 전파되어 모든 이방인이 듣게 하려 하심이니 내가 사자의 입에서 건짐을 받았느니라 주께서 나를 모든 악한 일에서 건져내시고 또 그의 천국에 들어가도록 구원하시리니 그에게 영광이 세세무궁토록 있을지어다 아멘 *디모데후서 4:16-18*

인생의 마지막 날을 어떻게 맞이하고 싶으십니까? 시인 용혜원 목사의 시 중에 〈죽음이 나에게 찾아오는 날은〉이란 시가 있습니다.

죽음이 나에게 찾아오는 날은
화려하게 꽃피는 봄날이 아니라
인생을 생각하게 하는
가을이 되게 하소서

죽음이 나에게 찾아오는 날은
사고나 실수로 나를 찾아오지 않고
허락하신 삶을 다하는 날이 되게 하소서

하늘은 푸르고 맑아서
내 사랑하는 이들의 마음이 평안하고
행복한 날이 되게 하소서

늙어감조차 아름다워 추하지 않고
삶을 뒤돌아보아도 후회함이 없고
천국을 소망하며 사랑을 나누며 살아
쓸데없는 애착이나 미련이 없게 하소서
병으로 인하여 몸이 너무 쇠하지 않게 하여 주시고
가족이나 이웃에게 불편함을 주지 않는
기력이 있고 건강한 때가 되게 하소서

나의 삶에 맡겨주신 달란트를 남기게 하시고

허락하신 사명을 감당하게 하시며
가족과 이웃에게 사랑을 나누고 베풀며 살게 하소서

죽음이 나에게 찾아오는 날은
주님의 구원하심과 죄 용서하심과 사랑을
몸과 영혼으로 확신하는 날이 되게 하소서

가족들에게 웃음 지으며
믿음으로 잘 살아가라는 말과
가족과 이웃을 사랑하라는 말을 남기게 하소서

마지막 숨이 꺼지는 순간 고요히 기도드리며
나의 영혼을 주님께 맡기게 하소서

조금은 욕심 많은, 행복한 죽음을 위한 기도라는 느낌으로 읽혀지는 시입니다.

디모데후서는 주후 66년경 쓰인 바울의 생애 마지막 편지입니다. 아마도 로마의 지하 감옥에 두 번째 투옥되어 마지막 재판 결과를 기다리는 시점이었을 것입니다. 이 편지의 마지막 4장에서 바울은 자신의 죽음을 예감하고 있습니다.

"전제와 같이 내가 벌써 부어지고 나의 떠날 시각이 가까웠

도다"*(딤후 4:6)*.

바울은 남기고 싶은 마지막 유훈을 '원하노라'*(May it be, I pray God)*라는 표현으로 편지에 쓰고 있습니다. 그리고 18절에서는 "아멘"으로 그의 기도가 마무리되고 있습니다. 여기에서 죽음을 예감한 바울의 마지막 인생 결산의 기도가 드려집니다. 그가 마지막 기도에 담고 싶었던 진짜 내용은 무엇이었을까요?

용서를 선택하라

내가 처음 변명할 때에 나와 함께한 자가 하나도 없고 다 나를 버렸으나 그들에게 허물을 돌리지 않기를 원하노라 딤후 4:16

여기서 '처음'이란 말은 아마도 로마에 와서 첫 재판을 받을 때의 상황을 염두에 둔 것으로 보입니다. 그때 사도 바울의 편에서 그를 변호한 사람이 아무도 없었다는 말입니다. 그의 말에 섭섭함과 원망이 묻어납니다. 원수들에게 뿐 아니라 친구들 그리고 제자들에게조차 버림받았다는 생각으로 괴로웠던 날의 추억입니다. 아마도 로마의 공권력이 두려웠기 때문이었을 것입니다. 그러나 바울은 "그들에게 허물을 돌리지 않겠다"라고 결심합니다. 그들이 원수이든 친구이든 제자이든 상관없었습니다. 용서가 그의 결론이었습니다. 이것은 용서로 생의 마지막을 마무리하신 그의 주님을 그대로 본받은 것입니다.

"아버지 저들을 사하여 주옵소서 자기들이 하는 것을 알지 못함이니이다"(눅 23:34).

또 다른 예수님의 제자 스데반, 바울의 회심에 결정적인 영향을 주었던 그가 돌에 맞는 죽임을 당하며 마지막 남긴 기도와 동일하지 않습니까?

"무릎을 꿇고 크게 불러 이르되 주여 이 죄를 그들에게 돌리지 마옵소서 이 말을 하고 자니라"(행 7:60).

이 사건 이후 용서는 언제나 그리스도인의 가장 중요하고도 아름다운 인생 결산의 기도가 되었습니다. 용서 없이 인생을 마무리 할 생각은 말아야 합니다.

많은 사람들이 기독교 영화 중 최고의 명화로 〈벤허〉를 꼽습니다. 1959년에 나온 이 영화는 2016년에 리메이크됩니다. 1959년의 오리지널 영화에는 미치지 못한다는 평을 받았으나 오히려 원작에의 충실도, 기독교적 작품의 완성도에서 볼 때는 상당한 감동을 지닌 작품이었습니다. 카자흐스탄 출신의 티무어 베크맘베토프 감독이 메가폰을 잡고 리메이크한 이 영화는 과연 1959년 작과 무엇이 달랐을까요?

우선 옛날 영화에서는 유대 땅에 로마 총독으로 부임한 사령관 행렬을 벤허 가족이 구경하다가 실수로 기왓장을 떨어뜨리는 데서 문제가 시작되지만, 새로운 작품에서는 벤허의 집에 숨어든 열심당원이 화살을 쏜 범행이 문제의 발단이 됩니다. 벤허의 도움 요청을 묵살한 벤허의 옛 가족 메살라는 그때부터 식민지배자인 로마를 상징하는 인물이 되고, 벤허는 복수심에 불타는 유대인으로 부각되어 로마와 유대의 갈등을 더 첨예하게 다루고 있다는 것입니다.

그러나 두 영화의 가장 큰 차이는 예수님에 대한 묘사 부분에 있습니다. 옛날 영화에서는 간접적으로 벤허에게 물을 주시는 예수님을 묘사하지만, 새 영화에서는 예수님의 전신이 묘사되고 십자가의 장면도 보다 직접적으로 드러납니다. 무엇보다 새 영화의 가장 중요한 강조점은 용서의 메시지였습니다. 십자가 상의 일곱 말씀 중에서 예수님의 용서의 말씀이 강조되고, 예수님의 제자가 된 벤허는 전차경기가 끝난 후 부상당한 메살라를 찾아가 용서합니다. 벤허에게 용서를 받은 메살라는 그와 화해하고, 두 사람이 나란히 말을 타고 새 날을 향해 힘차게 달려 나가는 것으로 영화는 마무리 됩니다. 벤허의 원작도 사실은 용서의 주제를 부각하고 있습니다.

인생을 후회 없이 마무리하기 위해서 혹은 새로운 시작을 위해서 우리에게 반드시 필요한 것은 용서의 선언 그리고 용서의 기도입니다. 우리네 인생의 후회 없는 결산을 위해, 너무 늦기 전에 용서를 결단하십시오. 그렇지 못하면 우리가 평생 드린 주의 기도는 위선이 될 것입니다.

"우리가 우리에게 죄 지은 자를 사하여 준 것같이 우리 죄를 사하여 주시옵고"(마 6:12).

사역에 대해 감사하라

인생을 마무리할 즈음이 되면 평생을 바쳐 일했던 사역들에 대해 생각하게 됩니다. 소위 우리 인생의 미션 말입니다. 바울도 죽음 앞에서 자연스럽게 주께서 그를 회심시키시고 그리스도인으로 부르실 때 주셨던 미션을 기억합니다. 그것은 바로 이방인 선교였습니다.

"주께서 이르시되 가라 이 사람은 내 이름을 이방인과 임금들과 이스라엘 자손들에게 전하기 위하여 택한 나의 그릇이라"(행 9:15).

그의 첫째 사명의 대상은 이방인이었습니다. 죽음을 앞에 둔 바울은 가장 중요했던 평생의 소명을 기억하며 주께 감사를 드립니다.

주께서 내 곁에 서서 나에게 힘을 주심은 나로 말미암아 선포
된 말씀이 온전히 전파되어 모든 이방인이 듣게 하려 하심이니
내가 사자의 입에서 건짐을 받았느니라 _딤후 4:17_

그는 감옥에서, 재판정에서 그를 돕는 사람들이 없었을 때
에도 버틸 수 있었던 것은 주께서 곁에 서서 그에게 힘을 주셨
기 때문이라고 말합니다. 삶의 고비에서마다 죽음의 위기를 넘
기고 '사자의 입에서 건짐을 받게 하심'_(위기 모면에 대한 바울식의 표현)_
도 주님의 도우심 때문이었습니다. 무엇보다 하나님도 예수님
도 알지 못하던 이방인들에게 지금까지 복음의 말씀을 온전하
게 전파할 수 있었던 것이 함께하시는 주님의 도우심 때문이었
음에 감사를 드립니다.

우리도 이렇게 감사로 인생을 마무리할 수 있을까요? 우리
가 구원받아 죄 사함 받고 성도의 삶을 살게 된 것만도 감사한
데, 주님을 위해 일할 수 있게 하신 소명을 주셨음에, 사역에
대해 감사할 수 있어야 할 것입니다.

마태복음 20장에 나오는 포도원 품꾼들의 비유는 무엇을 말
합니까? 주님의 포도원에 들어와 일하는 사람 중에는 일을 마

치며 불평하고 원망하는 사람들도 있다는 것입니다. 왜 그렇게 되었습니까? 주께서 그들을 불러 일하게 하심이 전적인 은혜임을 망각했기 때문입니다. 어떤 이는 이른 아침부터, 어떤 이는 정오의 시간에, 어떤 이는 늦은 오후에, 어떤 이는 저녁 석양에 부름을 받아 일하게 하신 것, 그래도 동일한 품삯으로 위로해주심이 은혜 아닌가요? 무엇을 불평하고, 무엇을 원망하겠습니까? 다만 그분 앞에 서는 날 부끄러움이 없도록 자그마한 사역의 열매 광주리라도 준비해서 우리 주님 앞에 드려야 하지 않겠습니까?

인도의 노벨문학상 수상자 타고르가 남긴 시 〈기탄잘리〉에 보면 이런 대목이 있습니다.

"죽음이 그대의 문을 두드릴 때 그대는 무엇을 님에게 드릴 것인가?"*(On the day when death will knock at thy door, what will thou offer to him?)*

그리고 이렇게 대답합니다.

"님 앞에 내 생명이 가득찬 광주리(그릇)를 갖다 놓겠어요"*(Oh, I will set before my guest the full vessel of my life)*.

그렇습니다. 우리가 주께 드릴 생명의 광주리, 사역의 열매는 무엇일까요? 그것을 준비하는 일이야말로 인생의 결산을 위해 가장 중요한 일이 아니겠습니까?

영광스런 천국 입성을 위해 기도하라

주께서 나를 모든 악한 일에서 건져내시고 또 그의 천국에 들어가도록 구원하시리니 그에게 영광이 세세무궁토록 있을지어다 아멘 _딤후 4:18_

이 말씀은 구원의 확신이 없는 사람이 마지막에 천국 가게 해 달라고 부탁하는 것이 아닙니다. 지금까지 모든 악한 일에서 나를 건져 내시고 지켜주신 하나님이 끝까지 모든 악에서 나를 지켜주셔서 부끄럼 없이 당당하게 천국에 입성하게 하실 것에 대한 기대를 기도로 말한 것입니다. 그래서 마지막에 진정 하나님께 영광을 돌리는 죽음이 되기를 기도한 것입니다.

인생 경주에서는 출발점도 중요하지만 결국 가장 중요한 것은 어떻게 목표 지점에 골인하느냐 하는 것입니다. "죽음을 보면 그가 살아온 삶을 볼 수 있다"라는 말이 있습니다. 인생의 아름다운 결산을 위해 기도하십시오. 죽음이 간증이 되도록 기도하십시오. 죽음이 정녕 영광스런 천국 입성의 순간이 되도록 기도하십시오.

사도 바울은 주후 67년경 로마 서쪽 성문 밖 5킬로미터 떨어진 곳에서 참수형 순교로 그 생의 마지막 숨결을 주께 바칩니다. 그가 순교한 곳에서 샘물이 솟아나 '세 분수 교회'*(Tre fontana, three fountains)*, 혹은 '바울 순교 기념교회'가 서게 되었습니다.

노르웨이의 신학자 오 할레스비*(O. Hallesby)*가 쓴 고전적 명저 중에 《기도》라는 책이 있습니다. 이 책 거의 마지막에 저자는 그의 부친의 지인이었던 한 믿음의 여인 이야기를 기록합니다.

가족도 친족도 없었던 이 독신 할머니가 어느 날 이웃 유복한 그리스도인 농부를 찾아가 "내 총자산이 1,200달러인데, 이것을 받고 나를 당신 집에서 함께 기거하도록 허락해주실 수 있나요?"라고 물었다고 합니다. 농부는 한 마디로 거절하면서 "당신을 돌보아주기 위해선 이 돈보다 훨씬 더 많은 돈이 들 것이고 병이라도 걸리면 제가 책임지기가 어렵습니다"라고 말했다고 합니다. 그러자 할머니는 "그런 걱정은 하실 필요가 없습니다. 저는 결코 병드는 일이 없을 거예요. 제가 그런 문제가 없도록 기도했으니까요"라고 했습니다. 그 말을 농부가 믿을 리가 없었겠지요.

거절당한 할머니는 또 다른 그리스도인 농부를 찾아가 같은 말로 함께 살게 해주길 부탁했습니다. 뜻밖에 그 부부는 할머니를 기꺼이 맞아들였다고 합니다. 그리고 그 할머니는 건강하고 활력 있게, 그 가정 전체에 축복을 끼치며 여러 해를 함께 살았습니다.

어느 날 아침 할머니가 식사 시간에 나타나지 않아 방문을 열어보니 할머니는 잠자듯 세상을 떠난 후였다고 합니다. 그녀는 한 번도 아프지 않았고, 떠나기 전날 저녁까지도 활기차게 그 가정을 돌보다 가셨습니다.

마지막에 저자는 이런 질문을 합니다.

"그녀가 병에 걸리지 않게 기도를 한 이유는 단순히 고통을 피하기 위해서였을까요?"

그는 아마도 그녀를 맞아준 이 고마운 사람들에게 걱정을 끼치지 않기 위해서, 그리고 더 중요한 이유는 죽음을 통해 하나님을 영광스럽게 하기 위해서였을 것이라고 말합니다. 그러면서 죽음을 위한 기도의 중요성을 말합니다. 영광스럽게 천국에 입성하기 위한 기도는 우리에게 꼭 필요한 기도입니다.

우리가 가평에 있는 '천로역정 순례길'을 마칠 때 부르는 찬양이 있습니다.

내 인생 여정 끝내어 강 건너 언덕 이를 때
하늘 문 향해 말하리 예수 인도하셨네

이 가시밭길 인생을 허덕이면서 갈 때에
시험과 환난 많으나 예수 인도하셨네

내 밟은 발걸음마다 주 예수 보살피시사
승리의 개가 부르며 주를 찬송하리라

매일 발걸음마다 예수 인도하셨네
나의 무거운 죄 짐을 모두 벗고 하는 말
예수 인도하셨네

- 존 W. 피터슨, 〈예수 인도하셨네〉

이 고백이 우리의 고백이 되기를, 그리고 이 고백의 내용이
우리의 인생 결산의 기도가 되기를 간절히 바랍니다.

1. 인생의 마지막에 '용서의 기도'로 우리의 삶을 후회 없이 결산하게 되도록 기도합시다.

2. 우리의 인생 결산에 '사역에 대한 감사와 열매'가 있기를 기도합시다.

3. 우리 인생의 마지막 천국 입성이 영광의 입성이 되기를 준비하며 기도합시다.

기도를 변화시키는 기도

바울을 따라 걷는 기도 성화의 길

초판 1쇄	2018년 12월 20일
개정판 1쇄	2024년 4월 15일

지은이	이동원
펴낸곳	압바암마
출판등록	제2012-000093호

주소	경기도 성남시 분당구 황새울로 200번길 28, 1104-35호(수내동, 오너스타워)
전화	031-710-5948
팩스	031-716-9464
이메일	webforleader@jiguchon.org

ISBN 978-89-98362-74-4
값 12,000원

* 잘못된 책은 구입하신 곳에서 바꾸어 드립니다.
* 압바암마(abba amma)는 아람어로서 '아빠 엄마'라는 뜻입니다.